TRANZLATY

Language is for everyone

Sproget er for alle

The Call of the Wild

Når naturen kalder

Jack London

English / Dansk

Into the Primitive
Ind i det primitive

Buck did not read the newspapers.
Buck læste ikke aviserne.

Had he read the newspapers he would have known trouble was brewing.
Hvis han havde læst aviserne, ville han have vidst, at der var problemer i gang.

There was trouble not alone for himself, but for every tidewater dog.
Der var problemer ikke kun for ham selv, men for alle tidevandshunde.

Every dog strong of muscle and with warm, long hair was going to be in trouble.
Enhver hund med stærke muskler og varm, lang pels ville komme i problemer.

From Puget Bay to San Diego no dog could escape what was coming.
Fra Puget Bay til San Diego kunne ingen hund undslippe det, der ventede.

Men, groping in the Arctic darkness, had found a yellow metal.
Mænd, der famlede i det arktiske mørke, havde fundet et gult metal.

Steamship and transportation companies were chasing the discovery.
Dampskibs- og transportselskaber jagtede opdagelsen.

Thousands of men were rushing into the Northland.
Tusindvis af mænd stormede ind i Nordlandet.

These men wanted dogs, and the dogs they wanted were heavy dogs.
Disse mænd ville have hunde, og de hunde, de ville have, var tunge hunde.

Dogs with strong muscles by which to toil.
Hunde med stærke muskler at slide med.

Dogs with furry coats to protect them from the frost.

Hunde med lodden pels for at beskytte dem mod frosten.

Buck lived at a big house in the sun-kissed Santa Clara Valley.
Buck boede i et stort hus i den solkyssede Santa Clara Valley.
Judge Miller's place, his house was called.
Dommer Millers sted, blev hans hus kaldt.
His house stood back from the road, half hidden among the trees.
Hans hus lå lidt tilbagetrukket fra vejen, halvt skjult mellem træerne.
One could get glimpses of the wide veranda running around the house.
Man kunne få et glimt af den brede veranda, der strakte sig rundt om huset.
The house was approached by graveled driveways.
Huset blev nået via grusbelagte indkørsler.
The paths wound about through wide-spreading lawns.
Stierne snoede sig gennem vidstrakte græsplæner.
Overhead were the interlacing boughs of tall poplars.
Over dem var de flettede grene af høje popler.
At the rear of the house things were on even more spacious.
Bag huset var tingene endnu mere rummelige.
There were great stables, where a dozen grooms were chatting
Der var store stalde, hvor et dusin gomme snakkede
There were rows of vine-clad servants' cottages
Der var rækker af vinrankeklædte tjenerhytter
And there was an endless and orderly array of outhouses
Og der var en endeløs og ordentlig række af udhuse
Long grape arbors, green pastures, orchards, and berry patches.
Lange vingårde, grønne enge, frugtplantager og bærmarker.
Then there was the pumping plant for the artesian well.
Så var der pumpeanlægget til den artesiske brønd.
And there was the big cement tank filled with water.
Og der var den store cementtank fyldt med vand.

Here Judge Miller's boys took their morning plunge.
Her tog dommer Millers drenge deres morgendukkert.
And they cooled down there in the hot afternoon too.
Og de kølede også ned der i den varme eftermiddag.
And over this great domain, Buck was the one who ruled all of it.
Og over dette store domæne var det Buck, der herskede over det hele.
Buck was born on this land and lived here all his four years.
Buck blev født på dette land og boede her alle sine fire år.
There were indeed other dogs, but they did not truly matter.
Der var ganske vist andre hunde, men de betød egentlig ikke noget.
Other dogs were expected in a place as vast as this one.
Andre hunde var forventet på et sted så stort som dette.
These dogs came and went, or lived inside the busy kennels.
Disse hunde kom og gik, eller boede inde i de travle kenneler.
Some dogs lived hidden in the house, like Toots and Ysabel did.
Nogle hunde boede gemt i huset, ligesom Toots og Ysabel gjorde.
Toots was a Japanese pug, Ysabel a Mexican hairless dog.
Toots var en japansk mops, Ysabel en mexicansk hårløs hund.
These strange creatures rarely stepped outside the house.
Disse mærkelige væsner gik sjældent uden for huset.
They did not touch the ground, nor sniff the open air outside.
De rørte ikke jorden eller snusede i den fri luft udenfor.
There were also the fox terriers, at least twenty in number.
Der var også foxterrierene, mindst tyve i antal.
These terriers barked fiercely at Toots and Ysabel indoors.
Disse terriere gøede voldsomt ad Toots og Ysabel indenfor.
Toots and Ysabel stayed behind windows, safe from harm.
Toots og Ysabel blev bag vinduerne, i sikkerhed for overlast.
They were guarded by housemaids with brooms and mops.
De blev bevogtet af huspiger med koste og mopper.

But Buck was no house-dog, and he was no kennel-dog either.

Men Buck var ingen hushund, og han var heller ingen kennelhund.

The entire property belonged to Buck as his rightful realm.

Hele ejendommen tilhørte Buck som hans retmæssige rige.

Buck swam in the tank or went hunting with the Judge's sons.

Buck svømmede i akvariet eller gik på jagt med dommerens sønner.

He walked with Mollie and Alice in the early or late hours.

Han gik med Mollie og Alice i de tidlige eller sene timer.

On cold nights he lay before the library fire with the Judge.

På kolde nætter lå han foran bibliotekets ilden med dommeren.

Buck gave rides to the Judge's grandsons on his strong back.

Buck kørte dommerens børnebørn på sin stærke ryg.

He rolled in the grass with the boys, guarding them closely.

Han rullede sig i græsset med drengene og bevogtede dem nøje.

They ventured to the fountain and even past the berry fields.

De vovede sig hen til springvandet og endda forbi bærmarkerne.

Among the fox terriers, Buck walked with royal pride always.

Blandt foxterrierene gik Buck altid med kongelig stolthed.

He ignored Toots and Ysabel, treating them like they were air.

Han ignorerede Toots og Ysabel og behandlede dem, som om de var luft.

Buck ruled over all living creatures on Judge Miller's land.

Buck herskede over alle levende væsner på dommer Millers land.

He ruled over animals, insects, birds, and even humans.

Han herskede over dyr, insekter, fugle og endda mennesker.

Buck's father Elmo had been a huge and loyal St. Bernard.

Bucks far, Elmo, havde været en enorm og loyal sanktbernhardshund.

Elmo never left the Judge's side, and served him faithfully.

Elmo forlod aldrig dommerens side og tjente ham trofast.

Buck seemed ready to follow his father's noble example.

Buck syntes parat til at følge sin fars ædle eksempel.

Buck was not quite as large, weighing one hundred and forty pounds.

Buck var ikke helt så stor og vejede hundrede og fyrre pund.

His mother, Shep, had been a fine Scotch shepherd dog.

Hans mor, Shep, havde været en fin skotsk hyrdehund.

But even at that weight, Buck walked with regal presence.

Men selv med den vægt gik Buck med en majestætisk tilstedeværelse.

This came from good food and the respect he always received.

Dette kom fra god mad og den respekt, han altid modtog.

For four years, Buck had lived like a spoiled nobleman.

I fire år havde Buck levet som en forkælet adelsmand.

He was proud of himself, and even slightly egotistical.

Han var stolt af sig selv, og endda en smule egoistisk.

That kind of pride was common in remote country lords.

Den slags stolthed var almindelig blandt afsidesliggende landsherrer.

But Buck saved himself from becoming pampered house-dog.

Men Buck reddede sig selv fra at blive en forkælet hushund.

He stayed lean and strong through hunting and exercise.

Han forblev slank og stærk gennem jagt og motion.

He loved water deeply, like people who bathe in cold lakes.

Han elskede vand dybt, ligesom folk der bader i kolde søer.

This love for water kept Buck strong, and very healthy.

Denne kærlighed til vand holdt Buck stærk og meget sund.

This was the dog Buck had become in the fall of 1897.

Det var den hund, Buck var blevet til i efteråret 1897.

When the Klondike strike pulled men to the frozen North.

Da Klondike-angrebet trak mænd til det frosne nord.

People rushed from all over the world into the cold land.
Folk strømmede fra hele verden til det kolde land.
Buck, however, did not read the papers, nor understand news.
Buck læste imidlertid ikke aviser og forstod heller ikke nyheder.
He did not know Manuel was a bad man to be around.
Han vidste ikke, at Manuel var en dårlig mand at være sammen med.
Manuel, who helped in the garden, had a deep problem.
Manuel, som hjalp til i haven, havde et alvorligt problem.
Manuel was addicted to gambling in the Chinese lottery.
Manuel var afhængig af at spille i det kinesiske lotteri.
He also believed strongly in a fixed system for winning.
Han troede også stærkt på et fast system til at vinde.
That belief made his failure certain and unavoidable.
Den tro gjorde hans fiasko sikker og uundgåelig.
Playing a system demands money, which Manuel lacked.
At spille et system kræver penge, hvilket Manuel manglede.
His pay barely supported his wife and many children.
Hans løn kunne knap nok forsørge hans kone og mange børn.
On the night Manuel betrayed Buck, things were normal.
Den aften Manuel forrådte Buck, var alting normalt.
The Judge was at a Raisin Growers' Association meeting.
Dommeren var til et møde i rosinavlerforeningen.
The Judge's sons were busy forming an athletic club then.
Dommerens sønner var dengang travlt optaget af at danne en atletikklub.
No one saw Manuel and Buck leaving through the orchard.
Ingen så Manuel og Buck gå gennem frugtplantagen.
Buck thought this walk was just a simple nighttime stroll.
Buck troede, at denne gåtur bare var en simpel natlig spadseretur.
They met only one man at the flag station, in College Park.
De mødte kun én mand ved flagstationen i College Park.
That man spoke to Manuel, and they exchanged money.
Manden talte med Manuel, og de udvekslede penge.

"Wrap up the goods before you deliver them," he suggested.
"Pak varerne ind, inden du leverer dem," foreslog han.

The man's voice was rough and impatient as he spoke.
Mandens stemme var ru og utålmodig, mens han talte.

Manuel carefully tied a thick rope around Buck's neck.
Manuel bandt forsigtigt et tykt reb om Bucks hals.

"Twist the rope, and you'll choke him plenty"
"Vrid rebet, så kvæler du ham rigeligt"

The stranger gave a grunt, showing he understood well.
Den fremmede gryntede, hvilket viste, at han forstod det godt.

Buck accepted the rope with calm and quiet dignity that day.
Buck tog imod rebet med rolig og stille værdighed den dag.

It was an unusual act, but Buck trusted the men he knew.
Det var en usædvanlig handling, men Buck stolede på de mænd, han kendte.

He believed their wisdom went far beyond his own thinking.
Han mente, at deres visdom rakte langt ud over hans egen tankegang.

But then the rope was handed to the hands of the stranger.
Men så blev rebet givet i den fremmedes hænder.

Buck gave a low growl that warned with quiet menace.
Buck udstødte en lav knurren, der advarede med en stille trussel.

He was proud and commanding, and meant to show his displeasure.
Han var stolt og kommanderende, og han havde til hensigt at vise sin utilfredshed.

Buck believed his warning would be understood as an order.
Buck troede, at hans advarsel ville blive forstået som en ordre.

To his shock, the rope tightened fast around his thick neck.
Til hans chok strammedes rebet hårdt om hans tykke hals.

His air was cut off and he began to fight in a sudden rage.
Hans luft blev afskåret, og han begyndte at kæmpe i et pludseligt raseri.

He sprang at the man, who quickly met Buck in mid-air.

Han sprang mod manden, som hurtigt mødte Buck midt i
luften.

**The man grabbed Buck's throat and skillfully twisted him in
the air.**

Manden greb fat i Bucks hals og vred ham dygtigt op i luften.

Buck was thrown down hard, landing flat on his back.

Buck blev kastet hårdt omkuld og landede fladt på ryggen.

The rope now choked him cruelly while he kicked wildly.

Rebet kvalte ham nu grusomt, mens han sparkede vildt.

His tongue fell out, his chest heaved, but gained no breath.

Hans tunge faldt ud, hans bryst hævede sig, men han fik ikke
vejret.

He had never been treated with such violence in his life.

Han var aldrig blevet behandlet med sådan vold i sit liv.

He had also never been filled with such deep fury before.

Han havde heller aldrig før været fyldt med så dyb vrede.

But Buck's power faded, and his eyes turned glassy.

Men Bucks kraft svandt ud, og hans øjne blev glasagtige.

He passed out just as a train was flagged down nearby.

Han besvimede lige da et tog holdt ind mod gaden i
nærheden.

Then the two men tossed him into the baggage car quickly.

Så kastede de to mænd ham hurtigt ind i bagagevognen.

The next thing Buck felt was pain in his swollen tongue.

Det næste Buck følte var en smerte i sin hævede tunge.

He was moving in a shaking cart, only dimly conscious.

Han kørte i en rystende vogn, kun svagt ved bevidsthed.

The sharp scream of a train whistle told Buck his location.

Det skarpe skrig fra en togfløjte fortalte Buck hans position.

He had often ridden with the Judge and knew the feeling.

Han havde ofte redet med dommeren og kendte følelsen.

It was the unique jolt of traveling in a baggage car again.

Det var det unikke chok at rejse i en bagagevogn igen.

Buck opened his eyes, and his gaze burned with rage.

Buck åbnede øjnene, og hans blik brændte af raseri.

This was the anger of a proud king taken from his throne.

Dette var vreden hos en stolt konge, der blev taget fra sin trone.

A man reached to grab him, but Buck struck first instead.

En mand rakte ud for at gribe ham, men Buck slog til først i stedet.

He sank his teeth into the man's hand and held tightly.

Han satte tænderne i mandens hånd og holdt fast.

He did not let go until he blacked out a second time.

Han slap ikke, før han besvimede anden gang.

"Yep, has fits," the man muttered to the baggageman.

"Ja, har anfald," mumlede manden til bagagemanden.

The baggageman had heard the struggle and come near.

Bagagemanden havde hørt kampen og var kommet nærmere.

"I'm taking him to 'Frisco for the boss," the man explained.

"Jeg tager ham med til 'Frisco for chefens skyld," forklarede manden.

"There's a fine dog-doctor there who says he can cure them."

"Der er en dygtig hundelæge der, som siger, at han kan helbrede dem."

Later that night the man gave his own full account.

Senere samme aften gav manden sin egen fulde beretning.

He spoke from a shed behind a saloon on the docks.

Han talte fra et skur bag en saloon på kajen.

"All I was given was fifty dollars," he complained to the saloon man.

"Jeg fik kun halvtreds dollars," klagede han til saloonmanden.

"I wouldn't do it again, not even for a thousand in cold cash."

"Jeg ville ikke gøre det igen, ikke engang for tusind kroner i kontanter."

His right hand was tightly wrapped in a bloody cloth.

Hans højre hånd var tæt pakket ind i et blodigt klæde.

His trouser leg was torn wide open from knee to foot.

Hans bukseben var vidt revet op fra knæ til fod.

"How much did the other mug get paid?" asked the saloon man.

"Hvor meget fik den anden krus i løn?" spurgte
saloonmanden.

**"A hundred," the man replied, "he wouldn't take a cent
less."**

"Hundrede," svarede manden, "han ville ikke tage en øre
mindre."

"That comes to a hundred and fifty," the saloon man said.

"Det bliver til hundrede og halvtreds," sagde saloonmanden.

"And he's worth it all, or I'm no better than a blockhead."

"Og han er det hele værd, ellers er jeg ikke bedre end en tåbe."

The man opened the wrappings to examine his hand.

Manden åbnede indpakningen for at undersøge sin hånd.

The hand was badly torn and crusted in dried blood.

Hånden var slemt flænget og tilsølvet med tørret blod.

"If I don't get the hydrophobia…" he began to say.

"Hvis jeg ikke får hydrofobien ..." begyndte han at sige.

"It'll be because you were born to hang," came a laugh.

"Det er fordi, du er født til at hænge," lød en latter.

"Come help me out before you get going," he was asked.

"Kom og hjælp mig, inden du går," blev han spurgt.

Buck was in a daze from the pain in his tongue and throat.

Buck var i en døs af smerten i tungen og halsen.

He was half-strangled, and could barely stand upright.

Han var halvkvalt og kunne knap nok stå oprejst.

Still, Buck tried to face the men who had hurt him so.

Alligevel forsøgte Buck at se de mænd i øjnene, der havde
såret ham så meget.

But they threw him down and choked him once again.

Men de kastede ham ned og kvalte ham endnu engang.

Only then could they saw off his heavy brass collar.

Først da kunne de save hans tunge messingkrave af.

They removed the rope and shoved him into a crate.

De fjernede rebet og skubbede ham ind i en kasse.

The crate was small and shaped like a rough iron cage.

Kassen var lille og formet som et groft jernbur.

**Buck lay there all night, filled with wrath and wounded
pride.**

Buck lå der hele natten, fyldt med vrede og såret stolthed.

He could not begin to understand what was happening to him.

Han kunne ikke begynde at forstå, hvad der skete med ham.

Why were these strange men keeping him in this small crate?

Hvorfor holdt disse mærkelige mænd ham i denne lille kasse?

What did they want with him, and why this cruel captivity?

Hvad ville de med ham, og hvorfor dette grusomme fangenskab?

He felt a dark pressure; a sense of disaster drawing closer.

Han følte et mørkt pres; en følelse af, at katastrofen kom nærmere.

It was a vague fear, but it settled heavily on his spirit.

Det var en vag frygt, men den satte sig tungt i hans sind.

Several times he jumped up when the shed door rattled.

Flere gange sprang han op, da skurdøren raslede.

He expected the Judge or the boys to appear and rescue him.

Han forventede, at dommeren eller drengene ville dukke op og redde ham.

But only the saloon-keeper's fat face peeked inside each time.

Men kun saloonværtens tykke ansigt kiggede ind hver gang.

The man's face was lit by the dim glow of a tallow candle.

Mandens ansigt var oplyst af det svage skær fra et talglys.

Each time, Buck's joyful bark changed to a low, angry growl.

Hver gang ændrede Bucks glædelige gøen sig til en lav, vred knurren.

The saloon-keeper left him alone for the night in the crate

Saloonværten lod ham være alene i buret natten over

But when he awoke in the morning more men were coming.

Men da han vågnede om morgenen, kom der flere mænd.

Four men came and gingerly picked up the crate without a word.

Fire mænd kom og samlede forsigtigt kassen op uden et ord.

Buck knew at once the situation he found himself in.

Buck forstod straks den situation, han befandt sig i.

They were further tormentors that he had to fight and fear.

De var yderligere plageånder, som han måtte bekæmpe og frygte.

These men looked wicked, ragged, and very badly groomed.

Disse mænd så onde, lasede og meget dårligt soignerede ud.

Buck snarled and lunged at them fiercely through the bars.

Buck knurrede og kastede sig voldsomt mod dem gennem tremmerne.

They just laughed and jabbed at him with long wooden sticks.

De bare lo og prikkede til ham med lange træpinde.

Buck bit at the sticks, then realized that was what they liked.

Buck bed i pindene, men indså så, at det var det, de kunne lide.

So he lay down quietly, sullen and burning with quiet rage.

Så lagde han sig stille ned, mut og brændende af stille raseri.

They lifted the crate into a wagon and drove away with him.

De løftede kassen op i en vogn og kørte væk med ham.

The crate, with Buck locked inside, changed hands often.

Kassen, med Buck låst inde, skiftede ofte hænder.

Express office clerks took charge and handled him briefly.

Ekspreskontorets kontormedarbejdere tog ansvaret og ekspederede ham kortvarigt.

Then another wagon carried Buck across the noisy town.

Så bar en anden vogn Buck tværs over den larmende by.

A truck took him with boxes and parcels onto a ferry boat.

En lastbil kørte ham med kasser og pakker ombord på en færge.

After crossing, the truck unloaded him at a rail depot.

Efter at have krydset, læssede lastbilen ham af på en jernbanedepot.

At last, Buck was placed inside a waiting express car.

Endelig blev Buck placeret i en ventende ekspresvogn.

For two days and nights, trains pulled the express car away.

I to dage og nætter trak tog ekspressvognen væk.

Buck neither ate nor drank during the whole painful journey.

Buck hverken spiste eller drak under hele den smertefulde rejse.

When the express messengers tried to approach him, he growled.

Da ekspresbudene forsøgte at nærme sig ham, knurrede han.

They responded by mocking him and teasing him cruelly.

De reagerede ved at håne ham og drille ham grusomt.

Buck threw himself at the bars, foaming and shaking

Buck kastede sig mod tremmerne, frådende og rystende

they laughed loudly, and taunted him like schoolyard bullies.

De lo højt og drillede ham som skolegårdsbøller.

They barked like fake dogs and flapped their arms.

De gøede som falske hunde og baskede med armene.

They even crowed like roosters just to upset him more.

De galte endda som haner bare for at gøre ham endnu mere ked af det.

It was foolish behavior, and Buck knew it was ridiculous.

Det var tåbelig opførsel, og Buck vidste, at det var latterligt.

But that only deepened his sense of outrage and shame.

Men det forstærkede kun hans følelse af forargelse og skam.

He was not bothered much by hunger during the trip.

Han var ikke synderligt generet af sult under turen.

But thirst brought sharp pain and unbearable suffering.

Men tørst medførte skarp smerte og uudholdelig lidelse.

His dry, inflamed throat and tongue burned with heat.

Hans tørre, betændte hals og tunge brændte af varme.

This pain fed the fever rising within his proud body.

Denne smerte nærede feberen, der steg i hans stolte krop.

Buck was thankful for one single thing during this trial.

Buck var taknemmelig for én enkelt ting under denne retssag.

The rope had been removed from around his thick neck.

Rebet var blevet fjernet fra hans tykke hals.

The rope had given those men an unfair and cruel advantage.

Rebet havde givet disse mænd en urimelig og grusom fordel.

Now the rope was gone, and Buck swore it would never return.

Nu var rebet væk, og Buck svor på, at det aldrig ville vende tilbage.

He resolved no rope would ever go around his neck again.

Han besluttede sig for, at intet reb nogensinde skulle gå om hans hals igen.

For two long days and nights, he suffered without food.

I to lange dage og nætter led han uden mad.

And in those hours, he built up an enormous rage inside.

Og i de timer opbyggede han et enormt raseri indeni.

His eyes turned bloodshot and wild from constant anger.

Hans øjne blev blodskudte og vilde af konstant vrede.

He was no longer Buck, but a demon with snapping jaws.

Han var ikke længere Buck, men en dæmon med knækende kæber.

Even the Judge would not have known this mad creature.

Selv dommeren ville ikke have kendt denne vanvittige skabning.

The express messengers sighed in relief when they reached Seattle

Ekspresbudene sukkede lettet, da de nåede Seattle

Four men lifted the crate and brought it to a back yard.

Fire mænd løftede kassen og bragte den til en baghave.

The yard was small, surrounded by high and solid walls.

Gården var lille, omgivet af høje og solide mure.

A big man stepped out in a sagging red sweater shirt.

En stor mand trådte ud i en hængende rød sweaterskjorte.

He signed the delivery book with a thick and bold hand.

Han underskrev leveringsbogen med en tyk og dristig håndskrift.

Buck sensed at once that this man was his next tormentor.

Buck fornemmede straks, at denne mand var hans næste plageånd.

He lunged violently at the bars, eyes red with fury.

Han kastede sig voldsomt mod tremmerne med røde øjne af raseri.

The man just smiled darkly and went to fetch a hatchet.

Manden smilede bare dystert og gik for at hente en økse.

He also brought a club in his thick and strong right hand.

Han medbragte også en kølle i sin tykke og stærke højre hånd.

"You going to take him out now?" the driver asked, concerned.

"Skal du køre ham ud nu?" spurgte chaufføren bekymret.

"Sure," said the man, jamming the hatchet into the crate as a lever.

"Javisst," sagde manden og pressede øksen ned i kassen som en løftestang.

The four men scattered instantly, jumping up onto the yard wall.

De fire mænd spredtes øjeblikkeligt og sprang op på gårdsmuren.

From their safe spots above, they waited to watch the spectacle.

Fra deres trygge pladser ovenover ventede de på at se skuespillet.

Buck lunged at the splintered wood, biting and shaking fiercely.

Buck kastede sig mod det splintrede træ, bed og rystede voldsomt.

Each time the hatchet hit the cage), Buck was there to attack it.

Hver gang øksen ramte buret), var Buck der for at angribe den.

He growled and snapped with wild rage, eager to be set free.

Han knurrede og snappede af vildt raseri, ivrig efter at blive sluppet fri.

The man outside was calm and steady, intent on his task.

Manden udenfor var rolig og stødig, optaget af sin opgave.

"Right then, you red-eyed devil," he said when the hole was large.

"Nå, din rødøjede djævel," sagde han, da hullet var stort.

He dropped the hatchet and took the club in his right hand.
Han smed øksen og tog køllen i sin højre hånd.
Buck truly looked like a devil; eyes bloodshot and blazing.
Buck lignede virkelig en djævel; øjnene var blodsprængte og
flammende.
His coat bristled, foam frothed at his mouth, eyes glinting.
Hans frakke strittede, skum skummede om munden, og
øjnene glimtede.
**He bunched his muscles and sprang straight at the red
sweater.**
Han spændte musklerne og sprang direkte mod den røde
sweater.
One hundred and forty pounds of fury flew at the calm man.
Et hundrede og fyrre pund raseri fløj mod den rolige mand.
**Just before his jaws clamped shut, a terrible blow struck
him.**
Lige før hans kæber lukkede sig, ramte et frygteligt slag ham.
His teeth snapped together on nothing but air
Hans tænder knækkede sammen på intet andet end luft
a jolt of pain reverberated through his body
et smertestød gennemgik hans krop
He flipped midair and crashed down on his back and side.
Han væltede midt i luften og styrtede ned på ryggen og siden.
**He had never before felt a club's blow and could not grasp
it.**
Han havde aldrig før følt et kølleslag og kunne ikke gribe det.
**With a shrieking snarl, part bark, part scream, he leaped
again.**
Med et skrigende knurren, dels gøen, dels skrig, sprang han
igen.
Another brutal strike hit him and hurled him to the ground.
Endnu et brutalt slag ramte ham og kastede ham til jorden.
This time Buck understood—it was the man's heavy club.
Denne gang forstod Buck det – det var mandens tunge kølle.
But rage blinded him, and he had no thought of retreat.
Men raseri blindede ham, og han tænkte ikke på at trække sig
tilbage.

Twelve times he launched himself, and twelve times he fell.
Tolv gange kastede han sig, og tolv gange faldt han.
The wooden club smashed him each time with ruthless, crushing force.
Trækøllen smadrede ham hver gang med hensynsløs, knusende kraft.
After one fierce blow, he staggered to his feet, dazed and slow.
Efter et voldsomt slag vaklede han op, fortumlet og langsom.
Blood ran from his mouth, his nose, and even his ears.
Blod løb fra hans mund, hans næse og endda hans ører.
His once-beautiful coat was smeared with bloody foam.
Hans engang så smukke frakke var smurt ind i blodigt skum.
Then the man stepped up and struck a wicked blow to the nose.
Så trådte manden frem og gav ham et voldsomt slag på næsen.
The agony was sharper than anything Buck had ever felt.
Smerten var skarpere end noget Buck nogensinde havde følt.
With a roar more beast than dog, he leaped again to attack.
Med et brøl, mere et dyr end en hund, sprang han igen for at angribe.
But the man caught his lower jaw and twisted it backward.
Men manden greb fat i hans underkæbe og vred den bagover.
Buck flipped head over heels, crashing down hard again.
Buck vendte hovedkulds og styrtede hårdt ned igen.
One final time, Buck charged at him, now barely able to stand.
En sidste gang angreb Buck ham, nu knap nok i stand til at stå.
The man struck with expert timing, delivering the final blow.
Manden slog til med ekspert timing og uddelte det sidste slag.
Buck collapsed in a heap, unconscious and unmoving.
Buck kollapsede i en bunke, bevidstløs og ubevægelig.
"He's no slouch at dog-breaking, that's what I say," a man yelled.
"Han er ikke sløj til at knække hunde, det er det, jeg siger," råbte en mand.

"Druther can break the will of a hound any day of the week."

"Druther kan knække en hunds vilje hvilken som helst dag i ugen."

"And twice on a Sunday!" added the driver.

"Og to gange på en søndag!" tilføjede chaufføren.

He climbed into the wagon and cracked the reins to leave.

Han klatrede op i vognen og knækkede tøjlerne for at køre.

Buck slowly regained control of his consciousness

Buck genvandt langsomt kontrollen over sin bevidsthed

but his body was still too weak and broken to move.

men hans krop var stadig for svag og ødelagt til at bevæge sig.

He lay where he had fallen, watching the red-sweatered man.

Han lå, hvor han var faldet, og betragtede den rødtrøjede mand.

"He answers to the name of Buck," the man said, reading aloud.

"Han svarer på navnet Buck," sagde manden og læste højt.

He quoted from the note sent with Buck's crate and details.

Han citerede fra den besked, der blev sendt med Bucks kasse, og detaljerne.

"Well, Buck, my boy," the man continued with a friendly tone,

"Nå, Buck, min dreng," fortsatte manden med en venlig tone,

"we've had our little fight, and now it's over between us."

"Vi har haft vores lille skænderi, og nu er det slut mellem os."

"You've learned your place, and I've learned mine," he added.

"Du har lært din plads at kende, og jeg har lært min," tilføjede han.

"Be good, and all will go well, and life will be pleasant."

"Vær god, så skal alt gå godt, og livet skal blive behageligt."

"But be bad, and I'll beat the stuffing out of you, understand?"

"Men hvis du er slem, så tæver jeg dig ihjel, forstået?"

As he spoke, he reached out and patted Buck's sore head.

Mens han talte, rakte han ud og klappede Bucks ømme hoved.

Buck's hair rose at the man's touch, but he didn't resist.

Bucks hår rejste sig ved mandens berøring, men han gjorde ikke modstand.

The man brought him water, which Buck drank in great gulps.

Manden bragte ham vand, som Buck drak i store slurke.

Then came raw meat, which Buck devoured chunk by chunk.

Så kom råt kød, som Buck fortærede stykke for stykke.

He knew he was beaten, but he also knew he wasn't broken.

Han vidste, at han var blevet slået, men han vidste også, at han ikke var brækket.

He had no chance against a man armed with a club.

Han havde ingen chance mod en mand bevæbnet med en kølle.

He had learned the truth, and he never forgot that lesson.

Han havde lært sandheden, og han glemte aldrig den lektie.

That weapon was the beginning of law in Buck's new world.

Det våben var begyndelsen på loven i Bucks nye verden.

It was the start of a harsh, primitive order he could not deny.

Det var starten på en hård, primitiv orden, han ikke kunne benægte.

He accepted the truth; his wild instincts were now awake.

Han accepterede sandheden; hans vilde instinkter var nu vågne.

The world had grown harsher, but Buck faced it bravely.

Verden var blevet hårdere, men Buck mødte den tappert.

He met life with new caution, cunning, and quiet strength.

Han mødte livet med ny forsigtighed, list og stille styrke.

More dogs arrived, tied in ropes or crates like Buck had been.

Flere hunde ankom, bundet i reb eller bure, ligesom Buck havde været.

Some dogs came calmly, others raged and fought like wild beasts.

Nogle hunde kom roligt, andre rasede og kæmpede som vilde dyr.

All of them were brought under the rule of the red-sweatered man.

De blev alle bragt under den rødtrøjede mands styre.

Each time, Buck watched and saw the same lesson unfold.

Hver gang så Buck den samme lektie udfolde sig.

The man with the club was law; a master to be obeyed.

Manden med køllen var loven; en mester, der skulle adlydes.

He did not need to be liked, but he had to be obeyed.

Han behøvede ikke at blive holdt af, men han skulle adlydes.

Buck never fawned or wagged like the weaker dogs did.

Buck gryede eller logrede aldrig, som de svagere hunde gjorde.

He saw dogs that were beaten and still licked the man's hand.

Han så hunde, der var blevet slået, og som stadig slikkede mandens hånd.

He saw one dog who would not obey or submit at all.

Han så en hund, der slet ikke ville adlyde eller bukke under for ham.

That dog fought until he was killed in the battle for control.

Den hund kæmpede, indtil den blev dræbt i kampen om kontrollen.

Strangers would sometimes come to see the red-sweatered man.

Fremmede kom sommetider for at se den rødtrøjede mand.

They spoke in strange tones, pleading, bargaining, and laughing.

De talte i en mærkelig tone, tryglede, prutede og lo.

When money was exchanged, they left with one or more dogs.

Når der blev udvekslet penge, tog de afsted med en eller flere hunde.

Buck wondered where these dogs went, for none ever returned.

Buck spekulerede på, hvor disse hunde blev af, for ingen vendte nogensinde tilbage.

fear of the unknown filled Buck every time a strange man came

frygten for det ukendte fyldte Buck hver gang en fremmed mand kom

he was glad each time another dog was taken, rather than himself.

Han var glad hver gang en anden hund blev taget, snarere end ham selv.

But finally, Buck's turn came with the arrival of a strange man.

Men endelig kom Bucks tur med ankomsten af en fremmed mand.

He was small, wiry, and spoke in broken English and curses.

Han var lille, senet og talte gebrokkent engelsk og bandede.

"Sacredam!" he yelled when he laid eyes on Buck's frame.

"Sacredam!" råbte han, da han fik øje på Bucks krop.

"That's one damn bully dog! Eh? How much?" he asked aloud.

"Det er da en forbandet bøllehund! Eh? Hvor meget?" spurgte han højt.

"Three hundred, and he's a present at that price,"

"Tre hundrede, og han er en gave til den pris,"

"Since it's government money, you shouldn't complain, Perrault."

"Da det er statslige penge, bør du ikke klage, Perrault."

Perrault grinned at the deal he had just made with the man.

Perrault smilede bredt over den aftale, han lige havde indgået med manden.

The price of dogs had soared due to the sudden demand.

Prisen på hunde var steget kraftigt på grund af den pludselige efterspørgsel.

Three hundred dollars wasn't unfair for such a fine beast.

Tre hundrede dollars var ikke urimeligt for så fint et bæst.

The Canadian Government would not lose anything in the deal

Den canadiske regering ville ikke miste noget på aftalen

Nor would their official dispatches be delayed in transit.

Deres officielle forsendelser ville heller ikke blive forsinket
under transport.

**Perrault knew dogs well, and could see Buck was something
rare.**

Perrault kendte hunde godt, og kunne se at Buck var noget
sjældent.

**"One in ten ten-thousand," he thought, as he studied Buck's
build.**

"En ud af ti titusind," tænkte han, mens han studerede Bucks
kropsbygning.

Buck saw the money change hands, but showed no surprise.

Buck så pengene skifte hænder, men viste ingen overraskelse.

Soon he and Curly, a gentle Newfoundland, were led away.

Snart blev han og Krøllet, en blid newfoundlænder, ført væk.

They followed the little man from the red sweater's yard.

De fulgte den lille mand fra den røde sweaters gård.

**That was the last Buck ever saw of the man with the wooden
club.**

Det var det sidste, Buck nogensinde så til manden med
trækøllen.

**From the Narwhal's deck he watched Seattle fade into the
distance.**

Fra Narhvalens dæk så han Seattle forsvinde i det fjerne.

It was also the last time he ever saw the warm Southland.

Det var også sidste gang, han nogensinde så det varme
Sydland.

Perrault took them below deck, and left them with François.

Perrault tog dem med ned under dæk og efterlod dem hos
François.

**François was a black-faced giant with rough, calloused
hands.**

François var en kæmpe med et sort ansigt og ru, hårdhudede
hænder.

He was dark and swarthy; a half-breed French-Canadian.

Han var mørk og gråhud; en halvblods fransk-canadier.

To Buck, these men were of a kind he had never seen before.

For Buck var disse mænd af en slags, han aldrig havde set før.

He would come to know many such men in the days ahead.

Han ville komme til at kende mange sådanne mænd i de kommende dage.

He did not grow fond of them, but he came to respect them.

Han blev ikke glad for dem, men han kom til at respektere dem.

They were fair and wise, and not easily fooled by any dog.

De var retfærdige og kloge og lod sig ikke let narre af nogen hund.

They judged dogs calmly, and punished only when deserved.

De dømte hunde roligt og straffede kun, når de var fortjente.

In the Narwhal's lower deck, Buck and Curly met two dogs.

På Narhvalens nederste dæk mødte Buck og Krøllet to hunde.

One was a large white dog from far-off, icy Spitzbergen.

Den ene var en stor hvid hund fra det fjerne, iskolde Spitsbergen.

He'd once sailed with a whaler and joined a survey group.

Han havde engang sejlet med en hvalfanger og været med i en undersøgelsesgruppe.

He was friendly in a sly, underhanded and crafty fashion.

Han var venlig på en snedig, underhånden og snu måde.

At their first meal, he stole a piece of meat from Buck's pan.

Ved deres første måltid stjal han et stykke kød fra Bucks pande.

Buck jumped to punish him, but François's whip struck first.

Buck sprang for at straffe ham, men François' pisk ramte først.

The white thief yelped, and Buck reclaimed the stolen bone.

Den hvide tyv gøs, og Buck genvandt det stjålne ben.

That fairness impressed Buck, and François earned his respect.

Den retfærdighed imponerede Buck, og François fortjente hans respekt.

The other dog gave no greeting, and wanted none in return.

Den anden hund hilste ikke og ønskede ingen tilbage.

He didn't steal food, nor sniff at the new arrivals with interest.

Han stjal ikke mad og snusede heller ikke interesseret til de nyankomne.

This dog was grim and quiet, gloomy and slow-moving.

Denne hund var dyster og stille, dyster og langsomt bevægende.

He warned Curly to stay away by simply glaring at her.

Han advarede Krøllet om at holde sig væk ved blot at stirre på hende.

His message was clear; leave me alone or there'll be trouble.

Hans budskab var klart: lad mig være, ellers bliver der problemer.

He was called Dave, and he barely noticed his surroundings.

Han hed Dave, og han bemærkede knap nok sine omgivelser.

He slept often, ate quietly, and yawned now and again.

Han sov ofte, spiste stille og gabte af og til.

The ship hummed constantly with the beating propeller below.

Skibet brummede konstant med den bankende propel nedenunder.

Days passed with little change, but the weather got colder.

Dagene gik uden store forandringer, men vejret blev koldere.

Buck could feel it in his bones, and noticed the others did too.

Buck kunne mærke det i sine knogler, og bemærkede at de andre også gjorde.

Then one morning, the propeller stopped and all was still.

Så en morgen stoppede propellen, og alt var stille.

An energy swept through the ship; something had changed.

En energi skyllede gennem skibet; noget havde ændret sig.

François came down, clipped them on leashes, and brought them up.

François kom ned, satte dem i snore og bragte dem op.

Buck stepped out and found the ground soft, white, and cold.

Buck trådte ud og fandt jorden blød, hvid og kold.

He jumped back in alarm and snorted in total confusion.

Han sprang tilbage i alarm og fnøs i total forvirring.

Strange white stuff was falling from the gray sky.

Mærkelige hvide ting faldt ned fra den grå himmel.

He shook himself, but the white flakes kept landing on him.

Han rystede sig, men de hvide flager blev ved med at lande på ham.

He sniffed the white stuff carefully and licked at a few icy bits.

Han snusede forsigtigt til den hvide masse og slikkede på et par iskolde stykker.

The powder burned like fire, then vanished right off his tongue.

Pulveret brændte som ild og forsvandt derefter lige fra hans tunge.

Buck tried again, puzzled by the odd vanishing coldness.

Buck prøvede igen, forvirret over den mærkelige, forsvindende kulde.

The men around him laughed, and Buck felt embarrassed.

Mændene omkring ham lo, og Buck følte sig flov.

He didn't know why, but he was ashamed of his reaction.

Han vidste ikke hvorfor, men han skammede sig over sin reaktion.

It was his first experience with snow, and it confused him.

Det var hans første oplevelse med sne, og det forvirrede ham.

The Law of Club and Fang
Loven om kølle og hugtand

Buck's first day on the Dyea beach felt like a terrible nightmare.

Bucks første dag på Dyea-stranden føltes som et forfærdeligt mareridt.

Each hour brought new shocks and unexpected changes for Buck.

Hver time bragte nye chok og uventede forandringer for Buck.

He had been pulled from civilization and thrown into wild chaos.

Han var blevet trukket ud af civilisationen og kastet ud i vildt kaos.

This was no sunny, lazy life with boredom and rest.

Dette var ikke et solrigt, dovent liv med kedsomhed og hvile.

There was no peace, no rest, and no moment without danger.

Der var ingen fred, ingen hvile og intet øjeblik uden fare.

Confusion ruled everything, and danger was always close.

Forvirring herskede over alt, og faren var altid nær.

Buck had to stay alert because these men and dogs were different.

Buck måtte være opmærksom, fordi disse mænd og hunde var forskellige.

They were not from towns; they were wild and without mercy.

De var ikke fra byer; de var vilde og uden nåde.

These men and dogs only knew the law of club and fang.

Disse mænd og hunde kendte kun loven om kølle og hugtand.

Buck had never seen dogs fight like these savage huskies.

Buck havde aldrig set hunde slås som disse vilde huskyer.

His first experience taught him a lesson he would never forget.

Hans første oplevelse lærte ham en lektie, han aldrig ville glemme.

He was lucky it was not him, or he would have died too.

Han var heldig, at det ikke var ham, ellers var han også død.

Curly was the one who suffered while Buck watched and learned.

Det var Krøllet, der led, mens Buck så på og lærte.

They had made camp near a store built from logs.

De havde slået lejr i nærheden af en butik bygget af tømmerstokke.

Curly tried to be friendly to a large, wolf-like husky.

Krøllet forsøgte at være venlig over for en stor, ulvelignende husky.

The husky was smaller than Curly, but looked wild and mean.

Huskyen var mindre end Krøllet, men så vild og ond ud.

Without warning, he jumped and slashed her face open.

Uden varsel sprang han op og skar hendes ansigt op.

His teeth cut from her eye down to her jaw in one move.

Hans tænder skar fra hendes øje ned til hendes kæbe i ét træk.

This was how wolves fought—hit fast and jump away.

Sådan kæmpede ulve – de slog hurtigt og sprang væk.

But there was more to learn than from that one attack.

Men der var mere at lære end af det ene angreb.

Dozens of huskies rushed in and made a silent circle.

Snesevis af huskyer stormede ind og dannede en stille cirkel.

They watched closely and licked their lips with hunger.

De så nøje til og slikkede sig om læberne af sult.

Buck didn't understand their silence or their eager eyes.

Buck forstod ikke deres tavshed eller deres ivrige øjne.

Curly rushed to attack the husky a second time.

Krøllet skyndte sig at angribe huskyen en gang til.

He used his chest to knock her over with a strong move.

Han brugte brystet til at vælte hende med et kraftigt træk.

She fell on her side and could not get back up.

Hun faldt om på siden og kunne ikke komme op igen.

That was what the others had been waiting for all along.

Det var det, de andre havde ventet på hele tiden.

The huskies jumped on her, yelping and snarling in a frenzy.

Huskierne hoppede på hende, mens de gøede og knurrede i et vanvid.

She screamed as they buried her under a pile of dogs.

Hun skreg, da de begravede hende under en bunke hunde.

The attack was so fast that Buck froze in place with shock.

Angrebet var så hurtigt, at Buck frøs til af chok.

He saw Spitz stick out his tongue in a way that looked like a laugh.

Han så Spitz stikke tungen ud på en måde, der lignede en latter.

François grabbed an axe and ran straight into the group of dogs.

François greb en økse og løb direkte ind i flokken af hunde.

Three other men used clubs to help beat the huskies away.

Tre andre mænd brugte køller til at hjælpe med at jage huskyerne væk.

In just two minutes, the fight was over and the dogs were gone.

På bare to minutter var kampen slut, og hundene var væk.

Curly lay dead in the red, trampled snow, her body torn apart.

Krøllet lå død i den røde, nedtrampede sne, hendes krop revet i stykker.

A dark-skinned man stood over her, cursing the brutal scene.

En mørkhudet mand stod over hende og bandede over den brutale scene.

The memory stayed with Buck and haunted his dreams at night.

Mindet blev hos Buck og hjemsøgte hans drømme om natten.

That was the way here; no fairness, no second chance.

Sådan var det her; ingen retfærdighed, ingen anden chance.

Once a dog fell, the others would kill without mercy.

Når en hund faldt, ville de andre dræbe uden nåde.

Buck decided then that he would never allow himself to fall.

Buck besluttede sig da for, at han aldrig ville tillade sig selv at falde.

Spitz stuck out his tongue again and laughed at the blood.
Spitz stak igen tungen ud og lo af blodet.
From that moment on, Buck hated Spitz with all his heart.
Fra det øjeblik hadede Buck Spitz af hele sit hjerte.

Before Buck could recover from Curly's death, something new happened.
Før Buck kunne komme sig over Krøllets død, skete der noget nyt.
François came over and strapped something around Buck's body.
François kom hen og bandt noget om Bucks krop.
It was a harness like the ones used on horses at the ranch.
Det var en sele ligesom dem, der bruges på heste på ranchen.
As Buck had seen horses work, now he was made to work too.
Ligesom Buck havde set heste arbejde, skulle han nu også arbejde.
He had to pull François on a sled into the forest nearby.
Han måtte trække François på en slæde ind i den nærliggende skov.
Then he had to pull back a load of heavy firewood.
Så måtte han trække et læs tungt brænde tilbage.
Buck was proud, so it hurt him to be treated like a work animal.
Buck var stolt, så det gjorde ondt på ham at blive behandlet som et arbejdsdyr.
But he was wise and didn't try to fight the new situation.
Men han var klog og forsøgte ikke at kæmpe imod den nye situation.
He accepted his new life and gave his best in every task.
Han accepterede sit nye liv og gav sit bedste i enhver opgave.
Everything about the work was strange and unfamiliar to him.
Alt ved arbejdet var mærkeligt og uvant for ham.
François was strict and demanded obedience without delay.
François var streng og krævede lydighed uden tøven.

His whip made sure that every command was followed at once.

Hans pisk sørgede for, at enhver kommando blev fulgt med det samme.

Dave was the wheeler, the dog nearest the sled behind Buck.

Dave var hjulmanden, hunden nærmest slæden bag Buck.

Dave bit Buck on the back legs if he made a mistake.

Dave bed Buck i bagbenene, hvis han lavede en fejl.

Spitz was the lead dog, skilled and experienced in the role.

Spitz var førerhunden, dygtig og erfaren i rollen.

Spitz could not reach Buck easily, but still corrected him.

Spitz kunne ikke nemt nå Buck, men rettede ham alligevel.

He growled harshly or pulled the sled in ways that taught Buck.

Han knurrede hårdt eller trak slæden på måder, der lærte Buck det.

Under this training, Buck learned faster than any of them expected.

Under denne træning lærte Buck hurtigere end nogen af dem forventede.

He worked hard and learned from both François and the other dogs.

Han arbejdede hårdt og lærte af både François og de andre hunde.

By the time they returned, Buck already knew the key commands.

Da de vendte tilbage, kendte Buck allerede de vigtigste kommandoer.

He learned to stop at the sound of "ho" from François.

Han lærte at stoppe ved lyden af "ho" fra François.

He learned when he had to pull the sled and run.

Han lærte det, når han skulle trække slæden og løbe.

He learned to turn wide at bends in the trail without trouble.

Han lærte at dreje bredt i sving på stien uden problemer.

He also learned to avoid Dave when the sled went downhill fast.

Han lærte også at undgå Dave, når slæden kørte hurtigt ned ad bakke.

"They're very good dogs," François proudly told Perrault.

"De er rigtig gode hunde," fortalte François stolt Perrault.

"That Buck pulls like hell—I teach him quick as anything."

"Den Buck trækker som bare pokker – jeg lærer ham det så hurtigt."

Later that day, Perrault came back with two more husky dogs.

Senere samme dag kom Perrault tilbage med to huskyhunde mere.

Their names were Billee and Joe, and they were brothers.

Deres navne var Billee og Joe, og de var brødre.

They came from the same mother, but were not alike at all.

De kom fra den samme mor, men var slet ikke ens.

Billee was sweet-natured and too friendly with everyone.

Billee var mild og alt for venlig over for alle.

Joe was the opposite—quiet, angry, and always snarling.

Joe var det modsatte – stille, vred og altid knurrende.

Buck greeted them in a friendly way and was calm with both.

Buck hilste venligt på dem og var rolig over for dem begge.

Dave paid no attention to them and stayed silent as usual.

Dave lagde ikke mærke til dem og forblev tavs som sædvanlig.

Spitz attacked first Billee, then Joe, to show his dominance.

Spitz angreb først Billee, derefter Joe, for at vise sin dominans.

Billee wagged his tail and tried to be friendly to Spitz.

Billee logrede med halen og prøvede at være venlig over for Spitz.

When that didn't work, he tried to run away instead.

Da det ikke virkede, prøvede han i stedet at stikke af.

He cried sadly when Spitz bit him hard on the side.

Han græd sørgmodigt, da Spitz bed ham hårdt i siden.

But Joe was very different and refused to be bullied.

Men Joe var meget anderledes og nægtede at blive mobbet.

Every time Spitz came near, Joe spun to face him fast.

Hver gang Spitz kom i nærheden, drejede Joe sig hurtigt om for at stå ansigt til ansigt med ham.

His fur bristled, his lips curled, and his teeth snapped wildly.

Hans pels strittede, hans læber krøllede sig sammen, og hans tænder knækkede vildt.

Joe's eyes gleamed with fear and rage, daring Spitz to strike.

Joes øjne glimtede af frygt og raseri og udfordrede Spitz til at slå til.

Spitz gave up the fight and turned away, humiliated and angry.

Spitz opgav kampen og vendte sig væk, ydmyget og vred.

He took out his frustration on poor Billee and chased him away.

Han lod sin frustration ud over stakkels Billee og jog ham væk.

That evening, Perrault added one more dog to the team.

Den aften tilføjede Perrault endnu en hund til holdet.

This dog was old, lean, and covered in battle scars.

Denne hund var gammel, mager og dækket af kampar.

One of his eyes was missing, but the other flashed with power.

Det ene af hans øjne manglede, men det andet glimtede af kraft.

The new dog's name was Solleks, which meant the Angry One.

Den nye hunds navn var Solleks, hvilket betød den Vrede.

Like Dave, Solleks asked nothing from others, and gave nothing back.

Ligesom Dave bad Solleks ikke andre om noget og gav intet tilbage.

When Solleks walked slowly into camp, even Spitz stayed away.

Da Solleks langsomt gik ind i lejren, holdt selv Spitz sig væk.

He had a strange habit that Buck was unlucky to discover.

Han havde en mærkelig vane, som Buck var uheldig at opdage.

Solleks hated being approached on the side where he was blind.

Solleks hadede at blive kontaktet fra den side, hvor han var blind.

Buck did not know this and made that mistake by accident.

Buck vidste ikke dette og begik den fejl ved et uheld.

Solleks spun around and slashed Buck's shoulder deep and fast.

Solleks snurrede rundt og skar Bucks skulder dybt og hurtigt.

From that moment on, Buck never came near Solleks' blind side.

Fra det øjeblik kom Buck aldrig i nærheden af Solleks' blinde side.

They never had trouble again for the rest of their time together.

De havde aldrig problemer igen resten af deres tid sammen.

Solleks wanted only to be left alone, like quiet Dave.

Solleks ville bare være i fred, ligesom den stille Dave.

But Buck would later learn they each had another secret goal.

Men Buck skulle senere finde ud af, at de hver især havde et andet hemmeligt mål.

That night Buck faced a new and troubling challenge—how to sleep.

Den nat stod Buck over for en ny og bekymrende udfordring – hvordan han skulle sove.

The tent glowed warmly with candlelight in the snowy field.

Teltet glødede varmt af stearinlysets skær i den snedækkede mark.

Buck walked inside, thinking he could rest there like before.

Buck gik indenfor og tænkte, at han kunne hvile sig der ligesom før.

But Perrault and François yelled at him and threw pans.

Men Perrault og François råbte ad ham og kastede med pander.

Shocked and confused, Buck ran out into the freezing cold.
Chokeret og forvirret løb Buck ud i den iskolde kulde.
A bitter wind stung his wounded shoulder and froze his paws.
En bitter vind stak i hans sårede skulder og frøs hans poter.
He lay down in the snow and tried to sleep out in the open.
Han lagde sig ned i sneen og prøvede at sove ude i det fri.
But the cold soon forced him to get back up, shaking badly.
Men kulden tvang ham snart til at rejse sig igen, rystende voldsomt.
He wandered through the camp, trying to find a warmer spot.
Han vandrede gennem lejren og forsøgte at finde et varmere sted.
But every corner was just as cold as the one before.
Men hvert hjørne var lige så koldt som det foregående.
Sometimes savage dogs jumped at him from the darkness.
Nogle gange sprang vilde hunde på ham fra mørket.
Buck bristled his fur, bared his teeth, and snarled with warning.
Buck strittede i pelsen, blottede tænderne og knurrede advarende.
He was learning fast, and the other dogs backed off quickly.
Han lærte hurtigt, og de andre hunde bakkede hurtigt væk.
Still, he had no place to sleep, and no idea what to do.
Alligevel havde han intet sted at sove, og ingen anelse om, hvad han skulle gøre.
At last, a thought came to him—check on his team-mates.
Endelig slog ham en tanke – se til sine holdkammerater.
He returned to their area and was surprised to find them gone.
Han vendte tilbage til deres område og blev overrasket over at finde dem væk.
Again he searched the camp, but still could not find them.
Igen gennemsøgte han lejren, men kunne stadig ikke finde dem.
He knew they could not be in the tent, or he would be too.

Han vidste, at de ikke kunne være i teltet, ellers ville han også være det.

So where had all the dogs gone in this frozen camp?

Så hvor var alle hundene blevet af i denne frosne lejr?

Buck, cold and miserable, slowly circled around the tent.

Buck, kold og ulykkelig, cirklede langsomt rundt om teltet.

Suddenly, his front legs sank into soft snow and startled him.

Pludselig sank hans forben ned i den bløde sne og forskrækkede ham.

Something wriggled under his feet, and he jumped back in fear.

Noget vrikkede sig under hans fødder, og han sprang tilbage i frygt.

He growled and snarled, not knowing what lay beneath the snow.

Han knurrede og knurrede, uden at vide, hvad der lå under sneen.

Then he heard a friendly little bark that eased his fear.

Så hørte han et venligt lille gøen, der lindrede hans frygt.

He sniffed the air and came closer to see what was hidden.

Han snusede i luften og kom tættere på for at se, hvad der gemte sig.

Under the snow, curled into a warm ball, was little Billee.

Under sneen, krøllet sammen til en varm kugle, lå lille Billee.

Billee wagged his tail and licked Buck's face to greet him.

Billee logrede med halen og slikkede Bucks ansigt for at hilse på ham.

Buck saw how Billee had made a sleeping place in the snow.

Buck så, hvordan Billee havde lavet en soveplads i sneen.

He had dug down and used his own heat to stay warm.

Han havde gravet sig ned og brugt sin egen varme til at holde sig varm.

Buck had learned another lesson—this was how the dogs slept.

Buck havde lært endnu en lektie – det var sådan hundene sov.

He picked a spot and started digging his own hole in the snow.

Han valgte et sted og begyndte at grave sit eget hul i sneen.

At first, he moved around too much and wasted energy.

I starten bevægede han sig for meget rundt og spildte energi.

But soon his body warmed the space, and he felt safe.

Men snart varmede hans krop rummet op, og han følte sig tryg.

He curled up tightly, and before long he was fast asleep.

Han krøllede sig tæt sammen, og inden længe sov han dybt.

The day had been long and hard, and Buck was exhausted.

Dagen havde været lang og hård, og Buck var udmattet.

He slept deeply and comfortably, though his dreams were wild.

Han sov dybt og behageligt, selvom hans drømme var vilde.

He growled and barked in his sleep, twisting as he dreamed.

Han knurrede og gøede i søvne, og vred sig, mens han drømte.

Buck didn't wake up until the camp was already coming to life.

Buck vågnede ikke, før lejren allerede var begyndt at vågne til liv.

At first, he didn't know where he was or what had happened.

I starten vidste han ikke, hvor han var, eller hvad der var sket.

Snow had fallen overnight and completely buried his body.

Sneen var faldet natten over og begravede hans krop fuldstændigt.

The snow pressed in around him, tight on all sides.

Sneen pressede sig tæt omkring ham, tæt på alle sider.

Suddenly a wave of fear rushed through Buck's entire body.

Pludselig skyllede en bølge af frygt gennem hele Bucks krop.

It was the fear of being trapped, a fear from deep instincts.

Det var frygten for at blive fanget, en frygt fra dybe instinkter.

Though he had never seen a trap, the fear lived inside him.

Selvom han aldrig havde set en fælde, levede frygten indeni ham.

He was a tame dog, but now his old wild instincts were waking.

Han var en tam hund, men nu vågnede hans gamle vilde instinkter.

Buck's muscles tensed, and his fur stood up all over his back.

Bucks muskler spændtes, og hans pels rejste sig over hele ryggen.

He snarled fiercely and sprang straight up through the snow.

Han knurrede voldsomt og sprang direkte op gennem sneen.

Snow flew in every direction as he burst into the daylight.

Sneen fløj i alle retninger, da han brød ud i dagslyset.

Even before landing, Buck saw the camp spread out before him.

Selv før landing så Buck lejren brede sig ud foran sig.

He remembered everything from the day before, all at once.

Han huskede alt fra dagen før, på én gang.

He remembered strolling with Manuel and ending up in this place.

Han huskede, at han slentrede med Manuel og endte på dette sted.

He remembered digging the hole and falling asleep in the cold.

Han huskede, at han havde gravet hullet og faldet i søvn i kulden.

Now he was awake, and the wild world around him was clear.

Nu var han vågen, og den vilde verden omkring ham var klar.

A shout from François hailed Buck's sudden appearance.

Et råb fra François hyldede Bucks pludselige tilsynekomst.

"What did I say?" the dog-driver cried loudly to Perrault.

"Hvad sagde jeg?" råbte hundeføreren højt til Perrault.

"That Buck for sure learns quick as anything," François added.

"Den Buck lærer helt sikkert hurtigt," tilføjede François.

Perrault nodded gravely, clearly pleased with the result.
Perrault nikkede alvorligt, tydeligt tilfreds med resultatet.
As a courier for the Canadian Government, he carried dispatches.
Som kurer for den canadiske regering bar han forsendelser.
He was eager to find the best dogs for his important mission.
Han var ivrig efter at finde de bedste hunde til sin vigtige mission.
He felt especially pleased now that Buck was part of the team.
Han følte sig særligt glad nu, da Buck var en del af holdet.
Three more huskies were added to the team within an hour.
Tre yderligere huskies blev føjet til holdet inden for en time.
That brought the total number of dogs on the team to nine.
Det bragte det samlede antal hunde på holdet op på ni.
Within fifteen minutes all the dogs were in their harnesses.
Inden for femten minutter var alle hundene i deres seler.
The sled team was swinging up the trail toward Dyea Cañon.
Slædeholdet svingede op ad stien mod Dyea Cañon.
Buck felt glad to be leaving, even if the work ahead was hard.
Buck var glad for at skulle afsted, selvom arbejdet forude var hårdt.
He found he did not particularly despise the labor or the cold.
Han opdagede, at han ikke særlig foragtede arbejdet eller kulden.
He was surprised by the eagerness that filled the whole team.
Han var overrasket over den iver, der fyldte hele holdet.
Even more surprising was the change that had come over Dave and Solleks.
Endnu mere overraskende var den forandring, der var kommet over Dave og Solleks.
These two dogs were entirely different when they were harnessed.

Disse to hunde var helt forskellige, da de var spændt i sele.

Their passiveness and lack of concern had completely disappeared.

Deres passivitet og mangel på bekymring var fuldstændig forsvundet.

They were alert and active, and eager to do their work well.

De var årvågne og aktive og ivrige efter at udføre deres arbejde godt.

They grew fiercely irritated at anything that caused delay or confusion.

De blev voldsomt irriterede over alt, der forårsagede forsinkelse eller forvirring.

The hard work on the reins was the center of their entire being.

Det hårde arbejde med tøjlerne var centrum for hele deres væsen.

Sled pulling seemed to be the only thing they truly enjoyed.

Slædetrækning syntes at være det eneste, de virkelig nød.

Dave was at the back of the group, closest to the sled itself.

Dave var bagest i gruppen, tættest på selve slæden.

Buck was placed in front of Dave, and Solleks pulled ahead of Buck.

Buck blev placeret foran Dave, og Solleks trak foran Buck.

The rest of the dogs were strung out ahead in a single file.

Resten af hundene var trukket ud foran i én række.

The lead position at the front was filled by Spitz.

Den førende position i front blev udfyldt af Spitz.

Buck had been placed between Dave and Solleks for instruction.

Buck var blevet placeret mellem Dave og Solleks for at få instruktion.

He was a quick learner, and they were firm and capable teachers.

Han var hurtig til at lære, og de var bestemte og dygtige lærere.

They never allowed Buck to remain in error for long.

De lod aldrig Buck forblive på vildspor længe.

They taught their lessons with sharp teeth when needed.
De underviste deres lektioner med skarpe tænder, når det var nødvendigt.
Dave was fair and showed a quiet, serious kind of wisdom.
Dave var retfærdig og udviste en stille, seriøs form for visdom.
He never bit Buck without a good reason to do so.
Han bed aldrig Buck uden en god grund til det.
But he never failed to bite when Buck needed correction.
Men han undlod altid at bide, når Buck havde brug for at blive irettesat.
François's whip was always ready and backed up their authority.
François' pisk var altid klar og bakkede deres autoritet op.
Buck soon found it was better to obey than to fight back.
Buck fandt snart ud af, at det var bedre at adlyde end at kæmpe imod.
Once, during a short rest, Buck got tangled in the reins.
Engang, under en kort pause, viklede Buck sig ind i tøjlerne.
He delayed the start and confused the team's movement.
Han forsinkede starten og forstyrrede holdets bevægelser.
Dave and Solleks flew at him and gave him a rough beating.
Dave og Solleks fløj efter ham og gav ham et hårdt tæsk.
The tangle only got worse, but Buck learned his lesson well.
Virvaret blev kun værre, men Buck lærte sin lektie godt.
From then on, he kept the reins taut, and worked carefully.
Fra da af holdt han tøjlerne stram og arbejdede omhyggeligt.
Before the day ended, Buck had mastered much of his task.
Inden dagen var omme, havde Buck mestret en stor del af sin opgave.
His teammates almost stopped correcting or biting him.
Hans holdkammerater holdt næsten op med at rette eller bide ham.
François's whip cracked through the air less and less often.
François' pisk knaldede sjældnere og sjældnere gennem luften.
Perrault even lifted Buck's feet and carefully examined each paw.

Perrault løftede endda Bucks fødder og undersøgte omhyggeligt hver pote.

It had been a hard day's run, long and exhausting for them all.

Det havde været en hård løbetur, lang og udmattende for dem alle.

They travelled up the Cañon, through Sheep Camp, and past the Scales.

De rejste op ad Cañon, gennem Sheep Camp og forbi Scales.

They crossed the timber line, then glaciers and snowdrifts many feet deep.

De krydsede trægrænsen, derefter gletsjere og snedriver, der var mange meter dybe.

They climbed the great cold and forbidding Chilkoot Divide.

De besteg den store, kolde og uhyggelige Chilkoot-kløft.

That high ridge stood between salt water and the frozen interior.

Den høje højderyg stod mellem saltvand og det frosne indre.

The mountains guarded the sad and lonely North with ice and steep climbs.

Bjergene beskyttede det triste og ensomme Nord med is og stejle stigninger.

They made good time down a long chain of lakes below the divide.

De havde god tid ned ad en lang kæde af søer nedenfor kløften.

Those lakes filled the ancient craters of extinct volcanoes.

Disse søer fyldte de gamle kratere af udslukte vulkaner.

Late that night, they reached a large camp at Lake Bennett.

Sent på aftenen nåede de en stor lejr ved Lake Bennett.

Thousands of gold seekers were there, building boats for spring.

Tusindvis af guldsøgere var der og byggede både til foråret.

The ice was going break up soon, and they had to be ready.

Isen ville snart bryde op, og de måtte være klar.

Buck dug his hole in the snow and fell into a deep sleep.

Buck gravede sit hul i sneen og faldt i en dyb søvn.

He slept like a working man, exhausted from the harsh day of toil.

Han sov som en arbejder, udmattet efter den hårde dags slid.

But too early in the darkness, he was dragged from sleep.

Men for tidligt i mørket blev han hevet ud af søvnen.

He was harnessed with his mates again and attached to the sled.

Han blev spændt for sammen med sine kammerater igen og fastgjort til slæden.

That day they made forty miles, because the snow was well trodden.

Den dag tilbagelagde de fyrre mil, fordi sneen var godt trådt ned.

The next day, and for many days after, the snow was soft.

Den næste dag, og i mange dage efter, var sneen blød.

They had to make the path themselves, working harder and moving slower.

De måtte selv lave stien, arbejde hårdere og bevæge sig langsommere.

Usually, Perrault walked ahead of the team with webbed snowshoes.

Normalt gik Perrault foran holdet med snesko med svømmehud.

His steps packed the snow, making it easier for the sled to move.

Hans skridt pakket sneen, hvilket gjorde det lettere for slæden at bevæge sig.

François, who steered from the gee-pole, sometimes took over.

François, der styrede fra gee-pole, tog sommetider over.

But it was rare that François took the lead

Men det var sjældent, at François tog føringen

because Perrault was in a rush to deliver the letters and parcels.

fordi Perrault havde travlt med at omdele brevene og pakkerne.

Perrault was proud of his knowledge of snow, and especially ice.

Perrault var stolt af sin viden om sne, og især is.

That knowledge was essential, because fall ice was dangerously thin.

Den viden var essentiel, fordi efterårsisen var faretruende tynd.

Where water flowed fast beneath the surface, there was no ice at all.

Hvor vandet flød hurtigt under overfladen, var der slet ingen is.

Day after day, the same routine repeated without end.

Dag efter dag gentog den samme rutine sig uden ende.

Buck toiled endlessly in the reins from dawn until night.

Buck sled uendeligt i tøjlerne fra daggry til nat.

They left camp in the dark, long before the sun had risen.

De forlod lejren i mørket, længe før solen var stået op.

By the time daylight came, many miles were already behind them.

Da dagslyset kom, var der allerede mange kilometer bag dem.

They pitched camp after dark, eating fish and burrowing into snow.

De slog lejr efter mørkets frembrud, spiste fisk og gravede sig ned i sneen.

Buck was always hungry and never truly satisfied with his ration.

Buck var altid sulten og aldrig helt tilfreds med sin ration.

He received a pound and a half of dried salmon each day.

Han fik halvandet pund tørret laks hver dag.

But the food seemed to vanish inside him, leaving hunger behind.

Men maden syntes at forsvinde indeni ham og efterlod sulten.

He suffered from constant pangs of hunger, and dreamed of more food.

Han led af konstant sult og drømte om mere mad.

The other dogs got only one pound of food, but they stayed strong.
De andre hunde fik kun et pund mad, men de forblev stærke.

They were smaller, and had been born into the northern life.
De var mindre og var født ind i det nordlige liv.

He swiftly lost the fastidiousness which had marked his old life.
Han mistede hurtigt den omhu, der havde præget hans gamle liv.

He had been a dainty eater, but now that was no longer possible.
Han havde været en lækkerbisken, men nu var det ikke længere muligt.

His mates finished first and robbed him of his unfinished ration.
Hans venner blev først færdige og røvede ham for hans uafsluttede ration.

Once they began there was no way to defend his food from them.
Da de først var begyndt, var der ingen måde at forsvare hans mad mod dem.

While he fought off two or three dogs, the others stole the rest.
Mens han slog to eller tre hunde væk, stjal de andre resten.

To fix this, he began eating as fast as the others ate.
For at løse dette begyndte han at spise lige så hurtigt som de andre spiste.

Hunger pushed him so hard that he even took food not his own.
Sulten pressede ham så hårdt, at han endda spiste mad, der ikke var sin egen.

He watched the others and learned quickly from their actions.
Han iagttog de andre og lærte hurtigt af deres handlinger.

He saw Pike, a new dog, steal a slice of bacon from Perrault.
Han så Pike, en ny hund, stjæle et stykke bacon fra Perrault.

Pike had waited until Perrault's back was turned to steal the bacon.

Pike havde ventet, indtil Perrault var vendt ryggen til, for at stjæle baconet.

The next day, Buck copied Pike and stole the whole chunk.

Næste dag kopierede Buck Pike og stjal hele stykket.

A great uproar followed, but Buck was not suspected.

Et stort oprør fulgte, men Buck var ikke mistænkt.

Dub, a clumsy dog who always got caught, was punished instead.

Dub, en klodset hund der altid blev fanget, blev i stedet straffet.

That first theft marked Buck as a dog fit to survive the North.

Det første tyveri markerede Buck som en hund, der var egnet til at overleve i Norden.

He showed he could adapt to new conditions and learn quickly.

Han viste, at han kunne tilpasse sig nye forhold og lære hurtigt.

Without such adaptability, he would have died swiftly and badly.

Uden en sådan tilpasningsevne ville han være død hurtigt og alvorligt.

It also marked the breakdown of his moral nature and past values.

Det markerede også et sammenbrud af hans moralske natur og tidligere værdier.

In the Southland, he had lived under the law of love and kindness.

I Sydlandet havde han levet under kærlighedens og venlighedens lov.

There it made sense to respect property and other dogs' feelings.

Der gav det mening at respektere ejendom og andre hundes følelser.

But the Northland followed the law of club and the law of fang.

Men Northland fulgte kølleloven og hugtandloven.

Whoever respected old values here was foolish and would fail.

Den, der respekterede gamle værdier her, var tåbelig og ville fejle.

Buck did not reason all this out in his mind.

Buck tænkte ikke alt dette igennem i sit hoved.

He was fit, and so he adjusted without needing to think.

Han var i form, så han tilpassede sig uden at behøve at tænke.

All his life, he had never run away from a fight.

Hele sit liv var han aldrig løbet væk fra en kamp.

But the wooden club of the man in the red sweater changed that rule.

Men trækøllen til manden i den røde sweater ændrede den regel.

Now he followed a deeper, older code written into his being.

Nu fulgte han en dybere, ældre kodeks skrevet ind i hans væsen.

He did not steal out of pleasure, but from the pain of hunger.

Han stjal ikke af nydelse, men af sultens smerte.

He never robbed openly, but stole with cunning and care.

Han røvede aldrig åbenlyst, men stjal med list og omhu.

He acted out of respect for the wooden club and fear of the fang.

Han handlede af respekt for trækøllen og frygt for hugtand.

In short, he did what was easier and safer than not doing it.

Kort sagt, han gjorde det, der var nemmere og sikrere end ikke at gøre det.

His development—or perhaps his return to old instincts— was fast.

Hans udvikling – eller måske hans tilbagevenden til gamle instinkter – var hurtig.

His muscles hardened until they felt as strong as iron.

Hans muskler blev hårde, indtil de føltes stærke som jern.

He no longer cared about pain, unless it was serious.
Han var ligeglad med smerten længere, medmindre den var alvorlig.
He became efficient inside and out, wasting nothing at all.
Han blev effektiv både indvendigt og udvendigt og spildte ingenting.
He could eat things that were vile, rotten, or hard to digest.
Han kunne spise ting, der var modbydelige, rådne eller svære at fordøje.
Whatever he ate, his stomach used every last bit of value.
Uanset hvad han spiste, brugte hans mave hver en smule af værdi.
His blood carried the nutrients far through his powerful body.
Hans blod bar næringsstofferne langt gennem hans kraftfulde krop.
This built strong tissues that gave him incredible endurance.
Dette opbyggede stærkt væv, der gav ham utrolig udholdenhed.
His sight and smell became much more sensitive than before.
Hans syn og lugtesans blev meget mere følsomme end før.
His hearing grew so sharp he could detect faint sounds in sleep.
Hans hørelse blev så skarp, at han kunne opfatte svage lyde i søvne.
He knew in his dreams whether the sounds meant safety or danger.
Han vidste i sine drømme, om lydene betød sikkerhed eller fare.
He learned to bite the ice between his toes with his teeth.
Han lærte at bide i isen mellem tæerne med tænderne.
If a water hole froze over, he would break the ice with his legs.
Hvis et vandhul frøs til, ville han bryde isen med benene.
He reared up and struck the ice hard with stiff front limbs.
Han rejste sig og slog hårdt i isen med stive forlemmer.

His most striking ability was predicting wind changes overnight.

Hans mest slående evne var at forudsige vindændringer natten over.

Even when the air was still, he chose spots sheltered from wind.

Selv når luften var stille, valgte han steder i læ for vinden.

Wherever he dug his nest, the next day's wind passed him by.

Hvor end han gravede sin rede, blæste den næste dags vind forbi ham.

He always ended up snug and protected, to leeward of the breeze.

Han endte altid lunt og beskyttet, i læ af vinden.

Buck not only learned by experience — his instincts returned too.

Buck lærte ikke kun af erfaring – hans instinkter vendte også tilbage.

The habits of domesticated generations began to fall away.

De domesticerede generationers vaner begyndte at falde væk.

In vague ways, he remembered the ancient times of his breed.

På vage måder huskede han sin races oldtid.

He thought back to when wild dogs ran in packs through forests.

Han tænkte tilbage på dengang vilde hunde løb i flok gennem skovene.

They had chased and killed their prey while running it down.

De havde jagtet og dræbt deres bytte, mens de løb efter det.

It was easy for Buck to learn how to fight with tooth and speed.

Det var let for Buck at lære at kæmpe med tænder og fart.

He used cuts, slashes, and quick snaps just like his ancestors.

Han brugte snit, hug og hurtige snaps ligesom sine forfædre.

Those ancestors stirred within him and awoke his wild nature.
Disse forfædre rørte sig i ham og vækkede hans vilde natur.
Their old skills had passed into him through the bloodline.
Deres gamle færdigheder var gået i arv til ham.
Their tricks were his now, with no need for practice or effort.
Deres tricks var nu hans, uden behov for øvelse eller anstrengelse.

On still, cold nights, Buck lifted his nose and howled.
På stille, kolde nætter løftede Buck næsen og hylede.
He howled long and deep, the way wolves had done long ago.
Han hylede længe og dybt, sådan som ulve havde gjort for længe siden.
Through him, his dead ancestors pointed their noses and howled.
Gennem ham pegede hans afdøde forfædre næsen og hylede.
They howled down through the centuries in his voice and shape.
De hylede ned gennem århundrederne i hans stemme og skikkelse.
His cadences were theirs, old cries that told of grief and cold.
Hans kadencer var deres, gamle råb, der fortalte om sorg og kulde.
They sang of darkness, of hunger, and the meaning of winter.
De sang om mørke, om sult og vinterens betydning.
Buck proved of how life is shaped by forces beyond oneself,
Buck beviste, hvordan livet formes af kræfter ud over én selv,
the ancient song rose through Buck and took hold of his soul.
den gamle sang steg gennem Buck og greb fat i hans sjæl.
He found himself because men had found gold in the North.
Han fandt sig selv, fordi mænd havde fundet guld i Norden.

And he found himself because Manuel, the gardener's helper, needed money.
Og han fandt sig selv, fordi Manuel, gartnerens hjælper, havde brug for penge.

The Dominant Primordial Beast
Det dominerende urdyr

The dominant primordial beast was as strong as ever in Buck.
Det dominerende urdyr var lige så stærkt som altid i Buck.
But the dominant primordial beast had lain dormant in him.
Men det dominerende urdyr havde ligget i dvale i ham.
Trail life was harsh, but it strengthened beast inside Buck.
Livet på stien var hårdt, men det styrkede dyret indeni Buck.
Secretly the beast grew stronger and stronger every day.
Hemmeligt blev udyret stærkere og stærkere for hver dag.
But that inner growth stayed hidden to the outside world.
Men den indre vækst forblev skjult for omverdenen.
A quiet and calm primordial force was building inside Buck.
En stille og rolig urkraft var ved at bygge sig op inde i Buck.
New cunning gave Buck balance, calm control, and poise.
Ny list gav Buck balance, rolig kontrol og raseri.
Buck focused hard on adapting, never feeling fully relaxed.
Buck fokuserede hårdt på at tilpasse sig og følte sig aldrig helt afslappet.
He avoided conflict, never starting fights, nor seeking trouble.
Han undgik konflikter, startede aldrig skænderier eller opsøgte problemer.
A slow, steady thoughtfulness shaped Buck's every move.
En langsom, støt eftertænksomhed formede hver eneste bevægelse af Buck.
He avoided rash choices and sudden, reckless decisions.
Han undgik forhastede valg og pludselige, hensynsløse beslutninger.
Though Buck hated Spitz deeply, he showed him no aggression.
Selvom Buck hadede Spitz dybt, viste han ham ingen aggression.
Buck never provoked Spitz, and kept his actions restrained.

Buck provokerede aldrig Spitz og holdt sine handlinger tilbage.

Spitz, on the other hand, sensed the growing danger in Buck.

Spitz fornemmede derimod den voksende fare i Buck.

He saw Buck as a threat and a serious challenge to his power.

Han så Buck som en trussel og en alvorlig udfordring for sin magt.

He used every chance to snarl and show his sharp teeth.

Han benyttede enhver lejlighed til at knurre og vise sine skarpe tænder.

He was trying to start the deadly fight that had to come.

Han forsøgte at starte den dødbringende kamp, der måtte komme.

Early in the trip, a fight nearly broke out between them.

Tidligt på turen brød der næsten ud et slagsmål mellem dem.

But an unexpected accident stopped the fight from happening.

Men en uventet ulykke forhindrede kampen.

That evening they set up camp on the bitterly cold Lake Le Barge.

Den aften slog de lejr ved den bidende kolde sø Le Barge.

The snow was falling hard, and the wind cut like a knife.

Sneen faldt hårdt, og vinden skar som en kniv.

The night had come too fast, and darkness surrounded them.

Natten kom alt for hurtigt, og mørket omgav dem.

They could hardly have chosen a worse place for rest.

De kunne næppe have valgt et værre sted at hvile sig.

The dogs searched desperately for a place to lie down.

Hundene ledte desperat efter et sted at ligge.

A tall rock wall rose steeply behind the small group.

En høj klippevæg rejste sig stejlt bag den lille gruppe.

The tent had been left behind in Dyea to lighten the load.

Teltet var blevet efterladt i Dyea for at lette byrden.

They had no choice but to make the fire on the ice itself.

De havde intet andet valg end at lave bålet på selve isen.

They spread their sleeping robes directly on the frozen lake.
De bredte deres soveklæder direkte ud på den frosne sø.
A few sticks of driftwood gave them a little bit of fire.
Et par drivtømmer gav dem lidt ild.
But the fire was built on the ice, and thawed through it.
Men ilden blev anlagt på isen og tøede op gennem den.
Eventually they were eating their suppers in darkness.
Til sidst spiste de deres aftensmad i mørket.
Buck curled up beside the rock, sheltered from the cold wind.
Buck krøllede sig sammen ved siden af klippen, i læ for den kolde vind.
The spot was so warm and safe that Buck hated to move away.
Stedet var så varmt og trygt, at Buck hadede at flytte væk.
But François had warmed the fish and was handing out rations.
Men François havde varmet fisken og var ved at uddele rationer.
Buck finished eating quickly, and returned to his bed.
Buck spiste hurtigt færdig og gik tilbage til sin seng.
But Spitz was now laying where Buck had made his bed.
Men Spitz lå nu, hvor Buck havde redt sin seng.
A low snarl warned Buck that Spitz refused to move.
En lav knurren advarede Buck om, at Spitz nægtede at røre sig.
Until now, Buck had avoided this fight with Spitz.
Indtil nu havde Buck undgået denne kamp med Spitz.
But deep inside Buck the beast finally broke loose.
Men dybt inde i Buck brød udyret endelig løs.
The theft of his sleeping place was too much to tolerate.
Tyveriet af hans soveplads var for meget at tolerere.
Buck launched himself at Spitz, full of anger and rage.
Buck kastede sig mod Spitz, fuld af vrede og raseri.
Up until not Spitz had thought Buck was just a big dog.
Indtil da havde Spitz troet, at Buck bare var en stor hund.
He didn't think Buck had survived through his spirit.

Han troede ikke, at Buck havde overlevet gennem sin ånd.

He was expecting fear and cowardice, not fury and revenge.

Han forventede frygt og fejhed, ikke raseri og hævn.

François stared as both dogs burst from the ruined nest.

François stirrede, mens begge hunde brasede ud af den ødelagte rede.

He understood at once what had started the wild struggle.

Han forstod straks, hvad der havde startet den vilde kamp.

"A-a-ah!" François cried out in support of the brown dog.

"Aa-ah!" råbte François til støtte for den brune hund.

"Give him a beating! By God, punish that sneaky thief!"

"Giv ham et tæsk! Ved Gud, straf den luskede tyv!"

Spitz showed equal readiness and wild eagerness to fight.

Spitz viste lige så stor parathed og vild iver efter at kæmpe.

He cried out in rage while circling fast, seeking an opening.

Han skreg ud i raseri, mens han drejede hurtigt rundt og ledte efter en åbning.

Buck showed the same hunger to fight, and the same caution.

Buck viste den samme kamplyst og den samme forsigtighed.

He circled his opponent as well, trying to gain the upper hand in battle.

Han omringede også sin modstander i et forsøg på at få overtaget i kampen.

Then something unexpected happened and changed everything.

Så skete der noget uventet og ændrede alt.

That moment delayed the eventual fight for the leadership.

Det øjeblik forsinkede den endelige kamp om lederskabet.

Many miles of trail and struggle still waited before the end.

Mange kilometer sti og kamp ventede stadig før enden.

Perrault shouted an oath as a club smacked against bone.

Perrault råbte en ed, mens en kølle slog mod et knogle.

A sharp yelp of pain followed, then chaos exploded all around.

Et skarpt smerteskrig fulgte, derefter eksploderede kaos overalt.

Dark shapes moved in camp; wild huskies, starved and fierce.

Mørke skikkelser bevægede sig i lejren; vilde huskyer, sultne og voldsomme.

Four or five dozen huskies had sniffed the camp from far away.

Fire eller fem dusin huskyer havde snuset til lejren langvejs fra.

They had crept in quietly while the two dogs fought nearby.

De havde sneget sig stille ind, mens de to hunde kæmpede i nærheden.

François and Perrault charged, swinging clubs at the invaders.

François og Perrault angreb angriberne og svingede køller.

The starving huskies showed teeth and fought back in frenzy.

De sultende huskyer viste tænder og kæmpede tilbage i vanvid.

The smell of meat and bread had driven them past all fear.

Duften af kød og brød havde drevet dem over al frygt.

Perrault beat a dog that had buried its head in the grub-box.

Perrault slog en hund, der havde begravet sit hoved i madkassen.

The blow hit hard, and the box flipped, food spilling out.

Slaget ramte hårdt, og kassen vendte om, og maden væltede ud.

In seconds, a score of wild beasts tore into the bread and meat.

På få sekunder rev en snese vilde dyr sig ind i brødet og kødet.

The men's clubs landed blow after blow, but no dog turned away.

Herreklubberne landede slag efter slag, men ingen hund vendte sig væk.

They howled in pain, but fought until no food remained.

De hylede af smerte, men kæmpede, indtil der ikke var mad tilbage.

Meanwhile, the sled-dogs had jumped from their snowy beds.
I mellemtiden var slædehundene sprunget fra deres snedækkede senge.

They were instantly attacked by the vicious hungry huskies.
De blev øjeblikkeligt angrebet af de ondskabsfulde sultne huskyer.

Buck had never seen such wild and starved creatures before.
Buck havde aldrig set så vilde og sultne skabninger før.

Their skin hung loose, barely hiding their skeletons.
Deres hud hang løs og skjulte knap nok deres skeletter.

There was a fire in their eyes, from hunger and madness
Der var en ild i deres øjne, af sult og vanvid

There was no stopping them; no resisting their savage rush.
Der var ingen måde at stoppe dem på; ingen kunne modstå deres vilde fart.

The sled-dogs were shoved back, pressed against the cliff wall.
Slædehundene blev skubbet tilbage, presset mod klippevæggen.

Three huskies attacked Buck at once, tearing into his flesh.
Tre huskyer angreb Buck på én gang og rev ham i kødet.

Blood poured from his head and shoulders, where he'd been cut.
Blod fossede fra hans hoved og skuldre, hvor han var blevet såret.

The noise filled the camp; growling, yelps, and cries of pain.
Støjen fyldte lejren; knurren, gylpen og smerteskrig.

Billee cried loudly, as usual, caught in the fray and panic.
Billee græd højt, som sædvanlig, fanget i kampen og panikken.

Dave and Solleks stood side by side, bleeding but defiant.
Dave og Solleks stod side om side, blødende men trodsige.

Joe fought like a demon, biting anything that came close.
Joe kæmpede som en dæmon og bed i alt, der kom i nærheden.

He crushed a husky's leg with one brutal snap of his jaws.

Han knuste en huskys ben med et brutalt smæld med kæberne.

Pike jumped on the wounded husky and broke its neck instantly.

Gedde sprang op på den sårede husky og brækkede dens nakke med det samme.

Buck caught a husky by the throat and ripped through the vein.

Buck greb fat i halsen på en husky og skar en blodåre gennem den.

Blood sprayed, and the warm taste drove Buck into a frenzy.

Blod sprøjtede, og den varme smag drev Buck ud i et vanvid.

He hurled himself at another attacker without hesitation.

Han kastede sig uden tøven mod en anden angriber.

At the same moment, sharp teeth dug into Buck's own throat.

I samme øjeblik gravede skarpe tænder sig ind i Bucks egen hals.

Spitz had struck from the side, attacking without warning.

Spitz havde slået til fra siden og angrebet uden varsel.

Perrault and François had defeated the dogs stealing the food.

Perrault og François havde besejret hundene, der stjal maden.

Now they rushed to help their dogs fight back the attackers.

Nu skyndte de sig at hjælpe deres hunde med at bekæmpe angriberne.

The starving dogs retreated as the men swung their clubs.

De sultende hunde trak sig tilbage, mens mændene svingede deres køller.

Buck broke free from the attack, but the escape was brief.

Buck slap fri fra angrebet, men flugten var kort.

The men ran to save their dogs, and the huskies swarmed again.

Mændene løb for at redde deres hunde, og huskyerne sværmede igen.

Billee, frightened into bravery, leapt into the pack of dogs.

Billee, skræmt til mod, sprang ind i hundeflokken.

But then he fled across the ice, in raw terror and panic.
Men så flygtede han over isen i rå skræk og panik.
Pike and Dub followed close behind, running for their lives.
Pike og Dub fulgte tæt efter og løb for livet.
The rest of the team broke and scattered, following after them.
Resten af holdet brød sammen og spredtes og fulgte efter dem.
Buck gathered his strength to run, but then saw a flash.
Buck samlede kræfter til at løbe, men så et glimt.
Spitz lunged at Buck's side, trying to knock him to the ground.
Spitz sprang frem mod Bucks side og forsøgte at slå ham ned på jorden.
Under that mob of huskies, Buck would have had no escape.
Under den flok huskyer ville Buck ikke have haft nogen flugt.
But Buck stood firm and braced for the blow from Spitz.
Men Buck stod fast og forberedte sig på slaget fra Spitz.
Then he turned and ran out onto the ice with the fleeing team.
Så vendte han sig om og løb ud på isen med det flygtende hold.

Later, the nine sled-dogs gathered in the shelter of the woods.
Senere samledes de ni slædehunde i ly af skoven.
No one chased them anymore, but they were battered and wounded.
Ingen jagtede dem længere, men de blev overfaldet og såret.
Each dog had wounds; four or five deep cuts on every body.
Hver hund havde sår; fire eller fem dybe snitsår på hver krop.
Dub had an injured hind leg and struggled to walk now.
Dub havde et skadet bagben og havde svært ved at gå nu.
Dolly, the newest dog from Dyea, had a slashed throat.
Dolly, den nyeste hund fra Dyea, havde en overskåret hals.
Joe had lost an eye, and Billee's ear was cut to pieces
Joe havde mistet et øje, og Billees øre var skåret i stykker.
All the dogs cried in pain and defeat through the night.

Alle hundene græd af smerte og nederlag natten igennem.

At dawn they crept back to camp, sore and broken.

Ved daggry sneg de sig tilbage til lejren, ømme og sønderknækkede.

The huskies had vanished, but the damage had been done.

Huskierne var forsvundet, men skaden var sket.

Perrault and François stood in foul moods over the ruin.

Perrault og François stod i dårligt humør over ruinen.

Half of the food was gone, snatched by the hungry thieves.

Halvdelen af maden var væk, stjålet af de sultne tyve.

The huskies had torn through sled bindings and canvas.

Huskierne havde revet sig igennem slædebindinger og kanvas.

Anything with a smell of food had been devoured completely.

Alt, der lugtede af mad, var blevet fuldstændig fortæret.

They ate a pair of Perrault's moose-hide traveling boots.

De spiste et par af Perraults rejsestøvler af elgskind.

They chewed leather reis and ruined straps beyond use.

De tyggede på læderreiser og ødelagde remme, der ikke kunne bruges.

François stopped staring at the torn lash to check the dogs.

François holdt op med at stirre på den iturevne piskevippe for at tjekke hundene.

"Ah, my friends," he said, his voice low and filled with worry.

"Åh, mine venner," sagde han med lav stemme og fyldt med bekymring.

"Maybe all these bites will turn you into mad beasts."

"Måske vil alle disse bid forvandle jer til vanvittige bæster."

"Maybe all mad dogs, sacredam! What do you think, Perrault?"

"Måske alle gale hunde, hellige! Hvad synes du, Perrault?"

Perrault shook his head, eyes dark with concern and fear.

Perrault rystede på hovedet, øjnene mørke af bekymring og frygt.

Four hundred miles still lay between them and Dawson.

Fire hundrede mil lå stadig mellem dem og Dawson.

Dog madness now could destroy any chance of survival.

Hundegalskab kan nu ødelægge enhver chance for overlevelse.

They spent two hours swearing and trying to fix the gear.

De brugte to timer på at bande og forsøge at reparere udstyret.

The wounded team finally left the camp, broken and defeated.

Det sårede hold forlod endelig lejren, knækkede og besejrede.

This was the hardest trail yet, and each step was painful.

Dette var den sværeste rute til dato, og hvert skridt var smertefuldt.

The Thirty Mile River had not frozen, and was rushing wildly.

Thirty Mile-floden var ikke frosset til frosset og fosser vildt.

Only in calm spots and swirling eddies did ice manage to hold.

Kun i rolige steder og hvirvlende strømhvirvler formåede isen at holde sig.

Six days of hard labor passed until the thirty miles were done.

Seks dages hårdt arbejde gik, indtil de 48 kilometer var tilbagelagt.

Each mile of the trail brought danger and the threat of death.

Hver kilometer af ruten bragte fare og trussel om død.

The men and dogs risked their lives with every painful step.

Mændene og hundene risikerede deres liv med hvert smertefulde skridt.

Perrault broke through thin ice bridges a dozen different times.

Perrault brød igennem tynde isbroer et dusin forskellige gange.

He carried a pole and let it fall across the hole his body made.

Han bar en stang og lod den falde hen over det hul, hans krop havde lavet.

More than once did that pole save Perrault from drowning.

Mere end én gang reddede den stang Perrault fra at drukne.

The cold snap held firm, the air was fifty degrees below zero.

Kulden holdt fast, luften var halvtreds grader under nul.

Every time he fell in, Perrault had to light a fire to survive.

Hver gang han faldt i, måtte Perrault tænde et bål for at overleve.

Wet clothing froze fast, so he dried them near blazing heat.

Vådt tøj frøs hurtigt, så han tørrede det i nærheden af brændende hede.

No fear ever touched Perrault, and that made him a courier.

Perrault var aldrig bange, og det gjorde ham til kurér.

He was chosen for danger, and he met it with quiet resolve.

Han blev valgt til fare, og han mødte den med stille beslutsomhed.

He pressed forward into wind, his shriveled face frostbitten.

Han pressede sig frem mod vinden, hans indskrumpede ansigt forfrosset.

From faint dawn to nightfall, Perrault led them onward.

Fra svag daggry til aftenens frembrud førte Perrault dem videre.

He walked on narrow rim ice that cracked with every step.

Han gik på smal iskant, der revnede for hvert skridt.

They dared not stop—each pause risked a deadly collapse.

De turde ikke stoppe – hver pause risikerede et dødeligt sammenbrud.

One time the sled broke through, pulling Dave and Buck in.

En gang brød slæden igennem og trak Dave og Buck ind.

By the time they were dragged free, both were near frozen.

Da de blev trukket fri, var begge næsten forfrosne.

The men built a fire quickly to keep Buck and Dave alive.

Mændene byggede hurtigt et bål for at holde Buck og Dave i live.

The dogs were coated in ice from nose to tail, stiff as carved wood.

Hundene var dækket af is fra snude til hale, stive som udskåret træ.

The men ran them in circles near the fire to thaw their bodies.
Mændene løb med dem i cirkler nær bålet for at tø deres kroppe op.
They came so close to the flames that their fur was singed.
De kom så tæt på flammerne, at deres pels blev svidet.
Spitz broke through the ice next, dragging in the team behind him.
Spitz brød derefter gennem isen og slæbte holdet ind efter sig.
The break reached all the way up to where Buck was pulling.
Bruddet nåede helt op til der, hvor Buck trak.
Buck leaned back hard, paws slipping and trembling on the edge.
Buck lænede sig hårdt tilbage, poterne gled og dirrede på kanten.
Dave also strained backward, just behind Buck on the line.
Dave spændte også bagover, lige bag Buck på linjen.
François hauled on the sled, his muscles cracking with effort.
François trak slæden på, hans muskler revnede af anstrengelse.
Another time, rim ice cracked before and behind the sled.
En anden gang revnede randisen foran og bag slæden.
They had no way out except to climb a frozen cliff wall.
De havde ingen udvej undtagen at klatre op ad en frossen klippevæg.
Perrault somehow climbed the wall; a miracle kept him alive.
Perrault klatrede på en eller anden måde op ad muren; et mirakel holdt ham i live.
François stayed below, praying for the same kind of luck.
François blev nedenfor og bad om den samme slags held.
They tied every strap, lashing, and trace into one long rope.
De bandt hver rem, surring og skinne sammen til ét langt reb.
The men hauled each dog up, one at a time to the top.
Mændene hev hver hund op, en ad gangen, til toppen.

François climbed last, after the sled and the entire load.
François klatrede sidst, efter slæden og hele lasten.
Then began a long search for a path down from the cliffs.
Så begyndte en lang søgen efter en sti ned fra klipperne.
They finally descended using the same rope they had made.
De kom endelig ned ved hjælp af det samme reb, de havde
lavet.
**Night fell as they returned to the riverbed, exhausted and
sore.**
Natten faldt på, da de vendte tilbage til flodlejet, udmattede
og ømme.
They had taken a full day to cover only a quarter of a mile.
De havde brugt en hel dag på kun at tilbagelægge en kvart
mil.
**By the time they reached the Hootalinqua, Buck was worn
out.**
Da de nåede Hootalinqua, var Buck udmattet.
**The other dogs suffered just as badly from the trail
conditions.**
De andre hunde led lige så hårdt under forholdene på stien.
**But Perrault needed to recover time, and pushed them on
each day.**
Men Perrault havde brug for at indhente tid og pressede dem
på hver dag.
The first day they traveled thirty miles to Big Salmon.
Den første dag rejste de 48 kilometer til Big Salmon.
**The next day they travelled thirty-five miles to Little
Salmon.**
Den næste dag rejste de 65 kilometer til Little Salmon.
**On the third day they pushed through forty long frozen
miles.**
På den tredje dag tilbagelagde de fyrre lange, frosne mil.
By then, they were nearing the settlement of Five Fingers.
På det tidspunkt nærmede de sig bosættelsen Five Fingers.

Buck's feet were softer than the hard feet of native huskies.

Bucks fødder var blødere end de hårde fødder hos indfødte huskies.

His paws had grown tender over many civilized generations.

Hans poter var blevet møre gennem mange civiliserede generationer.

Long ago, his ancestors had been tamed by river men or hunters.

For længe siden var hans forfædre blevet tæmmet af flodmænd eller jægere.

Every day Buck limped in pain, walking on raw, aching paws.

Hver dag haltede Buck af smerte og gik på rå, ømme poter.

At camp, Buck dropped like a lifeless form upon the snow.

I lejren faldt Buck ned som en livløs skikkelse på sneen.

Though starving, Buck did not rise to eat his evening meal.

Selvom Buck var sulten, stod han ikke op for at spise sit aftensmåltid.

François brought Buck his ration, laying fish by his muzzle.

François bragte Buck sin ration og lagde fisk ved sin snude.

Each night the driver rubbed Buck's feet for half an hour.

Hver aften gned chaufføren Bucks fødder i en halv time.

François even cut up his own moccasins to make dog footwear.

François skar endda sine egne mokkasiner op for at lave hundefodtøj.

Four warm shoes gave Buck a great and welcome relief.

Fire varme sko gav Buck en stor og velkommen lettelse.

One morning, François forgot the shoes, and Buck refused to rise.

En morgen glemte François skoene, og Buck nægtede at rejse sig.

Buck lay on his back, feet in the air, waving them pitifully.

Buck lå på ryggen med fødderne i vejret og viftede ynkeligt med dem.

Even Perrault grinned at the sight of Buck's dramatic plea.

Selv Perrault smilede ved synet af Bucks dramatiske bøn.

Soon Buck's feet grew hard, and the shoes could be discarded.
Snart blev Bucks fødder hårde, og skoene kunne smides væk.
At Pelly, during harness time, Dolly let out a dreadful howl.
Ved Pelly, mens der var tid til at bruge seletøj, udstødte Dolly et frygteligt hyl.
The cry was long and filled with madness, shaking every dog.
Skriget var langt og fyldt med vanvid og rystede hver eneste hund.
Each dog bristled in fear without knowing the reason.
Hver hund strittede i skræk uden at kende årsagen.
Dolly had gone mad and hurled herself straight at Buck.
Dolly var blevet sindssyg og kastede sig direkte mod Buck.
Buck had never seen madness, but horror filled his heart.
Buck havde aldrig set vanvid, men rædsel fyldte hans hjerte.
With no thought, he turned and fled in absolute panic.
Uden at tænke sig om vendte han sig om og flygtede i fuldstændig panik.
Dolly chased him, her eyes wild, saliva flying from her jaws.
Dolly jagtede ham, hendes øjne var vilde, og spyttet fløj fra hendes kæber.
She kept right behind Buck, never gaining and never falling back.
Hun holdt sig lige bag Buck, uden at vinde og uden at falde tilbage.
Buck ran through woods, down the island, across jagged ice.
Buck løb gennem skoven, ned ad øen, hen over ujævn is.
He crossed to an island, then another, circling back to the river.
Han krydsede til en ø, derefter en anden, og gik i ring tilbage til floden.
Still Dolly chased him, her growl close behind at every step.
Dolly jagtede ham stadig, hendes knurren tæt efter hende ved hvert skridt.
Buck could hear her breath and rage, though he dared not look back.

Buck kunne høre hendes åndedrag og raseri, selvom han ikke turde se sig tilbage.

François shouted from afar, and Buck turned toward the voice.

råbte François langvejs fra, og Buck vendte sig mod stemmen.

Still gasping for air, Buck ran past, placing all hope in François.

Stadig gispede efter vejret løb Buck forbi og satte al sin lid til François.

The dog-driver raised an axe and waited as Buck flew past.

Hundeføreren løftede en økse og ventede, mens Buck fløj forbi.

The axe came down fast and struck Dolly's head with deadly force.

Øksen faldt hurtigt ned og ramte Dollys hoved med dødelig kraft.

Buck collapsed near the sled, wheezing and unable to move.

Buck kollapsede nær slæden, hvæsende og ude af stand til at bevæge sig.

That moment gave Spitz his chance to strike an exhausted foe.

Det øjeblik gav Spitz chancen for at angribe en udmattet fjende.

Twice he bit Buck, ripping flesh down to the white bone.

To gange bed han Buck og flåede kødet ned til den hvide knogle.

François's whip cracked, striking Spitz with full, furious force.

François' pisk knækkede og ramte Spitz med fuld, voldsom kraft.

Buck watched with joy as Spitz received his harshest beating yet.

Buck så med glæde til, mens Spitz fik sin hidtil hårdeste prygl.

"He's a devil, that Spitz," Perrault muttered darkly to himself.

"Han er en djævel, den Spitz," mumlede Perrault dystert for sig selv.

"Someday soon, that cursed dog will kill Buck—I swear it."

"En dag snart vil den forbandede hund dræbe Buck – jeg sværger det."

"That Buck has two devils in him," François replied with a nod.

„Den Buck har to djævle i sig," svarede François med et nik.

"When I watch Buck, I know something fierce waits in him."

"Når jeg ser Buck, ved jeg, at noget voldsomt venter i ham."

"One day, he'll get mad as fire and tear Spitz to pieces."

"En dag bliver han rasende som ild og river Spitz i stykker."

"He'll chew that dog up and spit him on the frozen snow."

"Han vil tygge den hund i stykker og spytte ham ud i den frosne sne."

"Sure as anything, I know this deep in my bones."

"Ja, det ved jeg jo inderst inde."

From that moment forward, the two dogs were locked in war.

Fra det øjeblik var de to hunde låst i en krig.

Spitz led the team and held power, but Buck challenged that.

Spitz førte holdet og havde magten, men Buck udfordrede det.

Spitz saw his rank threatened by this odd Southland stranger.

Spitz så sin rang truet af denne mærkelige fremmede fra Sydlandet.

Buck was unlike any southern dog Spitz had known before.

Buck var ulig nogen anden sydstatshund, som Spitz havde kendt før.

Most of them failed—too weak to live through cold and hunger.

De fleste af dem fejlede – for svage til at overleve kulde og sult.

They died fast under labor, frost, and the slow burn of famine.

De døde hurtigt under arbejde, frost og hungersnødens langsomme sved.

Buck stood apart—stronger, smarter, and more savage each day.

Buck skilte sig ud – stærkere, klogere og mere vild for hver dag.

He thrived on hardship, growing to match the northern huskies.

Han trivedes med modgang og voksede op til at matche de nordlige huskies.

Buck had strength, wild skill, and a patient, deadly instinct.

Buck havde styrke, vild kunnen og et tålmodigt, dødbringende instinkt.

The man with the club had beaten rashness out of Buck.

Manden med køllen havde banket ubesindigheden ud af Buck.

Blind fury was gone, replaced by quiet cunning and control.

Blind raseri var væk, erstattet af stille list og kontrol.

He waited, calm and primal, watching for the right moment.

Han ventede, rolig og primal, og spejdede efter det rette øjeblik.

Their fight for command became unavoidable and clear.

Deres kamp om kommandoen blev uundgåelig og klar.

Buck desired leadership because his spirit demanded it.

Buck ønskede lederskab, fordi hans ånd krævede det.

He was driven by the strange pride born of trail and harness.

Han var drevet af den mærkelige stolthed født af sti og seletøj.

That pride made dogs pull till they collapsed on the snow.

Den stolthed fik hunde til at trække, indtil de kollapsede i sneen.

Pride lured them into giving all the strength they had.

Stolthed lokkede dem til at give al den styrke, de havde.

Pride can lure a sled-dog even to the point of death.

Stolthed kan lokke en slædehund helt til døden.

Losing the harness left dogs broken and without purpose.

At miste selen efterlod hundene ødelagte og uden formål.

The heart of a sled-dog can be crushed by shame when they retire.

En slædehunds hjerte kan knuses af skam, når den går på pension.

Dave lived by that pride as he dragged the sled from behind.

Dave levede af den stolthed, mens han slæbte slæden bagfra.

Solleks, too, gave his all with grim strength and loyalty.

Solleks gav også alt, hvad han havde, med barsk styrke og
loyalitet.

Each morning, pride turned them from bitter to determined.

Hver morgen forvandlede stoltheden dem fra bitre til
beslutsomme.

They pushed all day, then dropped silent at the camp's end.

De kæmpede hele dagen, og så blev de tavse for enden af
lejren.

That pride gave Spitz the strength to beat shirkers into line.

Den stolthed gav Spitz styrken til at komme i forkøbet af
sherkers.

Spitz feared Buck because Buck carried that same deep
pride.

Spitz frygtede Buck, fordi Buck bar den samme dybe stolthed.

Buck's pride now stirred against Spitz, and he did not stop.

Bucks stolthed vakte nu mod Spitz, og han stoppede ikke.

Buck defied Spitz's power and blocked him from punishing
dogs.

Buck trodsede Spitz' magt og forhindrede ham i at straffe
hunde.

When others failed, Buck stepped between them and their
leader.

Da andre fejlede, trådte Buck mellem dem og deres leder.

He did this with intent, making his challenge open and
clear.

Han gjorde dette med vilje og gjorde sin udfordring åben og
klar.

On one night heavy snow blanketed the world in deep
silence.

En nat indhyllede tung sne verden i dyb stilhed.

The next morning, Pike, lazy as ever, did not rise for work.

Næste morgen stod Pike, doven som altid, ikke op for at gå på
arbejde.

He stayed hidden in his nest beneath a thick layer of snow.

Han holdt sig skjult i sin rede under et tykt lag sne.

François called out and searched, but could not find the dog.

François råbte og ledte, men kunne ikke finde hunden.

Spitz grew furious and stormed through the snow-covered camp.

Spitz blev rasende og stormede gennem den snedækkede lejr.

He growled and sniffed, digging madly with blazing eyes.

Han knurrede og snøftede, mens han gravede vanvittigt med flammende øjne.

His rage was so fierce that Pike shook under the snow in fear.

Hans raseri var så voldsomt, at Pike rystede under sneen af frygt.

When Pike was finally found, Spitz lunged to punish the hiding dog.

Da Pike endelig blev fundet, sprang Spitz frem for at straffe den gemte hund.

But Buck sprang between them with a fury equal to Spitz's own.

Men Buck sprang imellem dem med en raseri lig med Spitz' egen.

The attack was so sudden and clever that Spitz fell off his feet.

Angrebet var så pludseligt og snedigt, at Spitz faldt omkuld.

Pike, who had been shaking, took courage from this defiance.

Pike, der havde rystet, fandt mod i denne trodsighed.

He leapt on the fallen Spitz, following Buck's bold example.

Han sprang op på den faldne Spitz og fulgte Bucks dristige eksempel.

Buck, no longer bound by fairness, joined the strike on Spitz.

Buck, ikke længere bundet af retfærdighed, sluttede sig til strejken på Spitz.

François, amused yet firm in discipline, swung his heavy lash.

François, underholdt men fast i disciplinen, svingede sin tunge piskeslag.

He struck Buck with all his strength to break up the fight.

Han slog Buck med al sin kraft for at afbryde kampen.

Buck refused to move and stayed atop the fallen leader.

Buck nægtede at bevæge sig og blev oven på den faldne leder.

François then used the whip's handle, hitting Buck hard.

François brugte derefter piskens håndtag og ramte Buck hårdt.

Staggering from the blow, Buck fell back under the assault.

Buck, der vaklede af slaget, faldt bagover under angrebet.

François struck again and again while Spitz punished Pike.

François slog til igen og igen, mens Spitz straffede Pike.

Days passed, and Dawson City grew nearer and nearer.

Dagene gik, og Dawson City kom nærmere og nærmere.

Buck kept interfering, slipping between Spitz and other dogs.

Buck blev ved med at blande sig og gled ind mellem Spitz og de andre hunde.

He chose his moments well, always waiting for François to leave.

Han valgte sine øjeblikke med omhu og ventede altid på, at François skulle gå.

Buck's quiet rebellion spread, and disorder took root in the team.

Bucks stille oprør spredte sig, og uorden slog rod i holdet.

Dave and Solleks stayed loyal, but others grew unruly.

Dave og Solleks forblev loyale, men andre blev uregerlige.

The team grew worse—restless, quarrelsome, and out of line.

Holdet blev værre – rastløst, stridbart og ude af trit.

Nothing worked smoothly anymore, and fights became common.

Intet fungerede længere problemfrit, og slagsmål blev almindelige.

Buck stayed at the heart of the trouble, always provoking unrest.

Buck forblev i hjertet af urolighederne og fremprovokerede altid uro.

François stayed alert, afraid of the fight between Buck and Spitz.

François forblev årvågen, bange for kampen mellem Buck og Spitz.

Each night, scuffles woke him, fearing the beginning finally arrived.

Hver nat vækkede han ham af skænderier, af frygt for at begyndelsen endelig var kommet.

He leapt from his robe, ready to break up the fight.

Han sprang af sin kåbe, klar til at afbryde kampen.

But the moment never came, and they reached Dawson at last.

Men øjeblikket kom aldrig, og de nåede endelig frem til Dawson.

The team entered the town one bleak afternoon, tense and quiet.

Holdet kom ind i byen en trist eftermiddag, anspændte og stille.

The great battle for leadership still hung in the frozen air.

Den store kamp om lederskab hang stadig i den frosne luft.

Dawson was full of men and sled-dogs, all busy with work.

Dawson var fuld af mænd og slædehunde, alle travlt optaget af arbejde.

Buck watched the dogs pull loads from morning until night.

Buck så hundene trække læs fra morgen til aften.

They hauled logs and firewood, freighted supplies to the mines.

De slæbte træstammer og brænde og fragtede forsyninger til minerne.

Where horses once worked in the Southland, dogs now labored.

Hvor heste engang arbejdede i Sydlandet, arbejdede hunde nu.

Buck saw some dogs from the South, but most were wolf-like huskies.

Buck så nogle hunde fra syd, men de fleste var ulvelignende huskyer.

At night, like clockwork, the dogs raised their voices in song.

Om natten, som et urværk, hævede hundene deres stemmer i sang.

At nine, at midnight, and again at three, the singing began.

Klokken ni, ved midnat og igen klokken tre begyndte sangen.

Buck loved joining their eerie chant, wild and ancient in sound.

Buck elskede at være med i deres uhyggelige sang, vild og ældgammel i lyd.

The aurora flamed, stars danced, and snow blanketed the land.

Nordlyset flammede, stjernerne dansede, og sne dækkede landet.

The dogs' song rose as a cry against silence and bitter cold.

Hundenes sang rejste sig som et råb mod stilheden og den bidende kulde.

But their howl held sorrow, not defiance, in every long note.

Men deres hylen indeholdt sorg, ikke trodsighed, i hver lange tone.

Each wailing cry was full of pleading; the burden of life itself.

Hvert klageskrig var fuld af bønfaldelser; selve livets byrde.

That song was old—older than towns, and older than fires

Den sang var gammel – ældre end byer og ældre end brande

That song was more ancient even than the voices of men.

Den sang var endda ældre end menneskers stemmer.

It was a song from the young world, when all songs were sad.

Det var en sang fra den unge verden, dengang alle sange var triste.

The song carried sorrow from countless generations of dogs.

Sangen bar sorg fra utallige generationer af hunde.

Buck felt the melody deeply, moaning from pain rooted in the ages.

Buck følte melodien dybt, stønnende af smerte rodfæstet i tidernes morgen.

He sobbed from a grief as old as the wild blood in his veins.

Han hulkede af en sorg lige så gammel som det vilde blod i hans årer.

The cold, the dark, and the mystery touched Buck's soul.

Kulden, mørket og mystikken rørte Bucks sjæl.

That song proved how far Buck had returned to his origins.

Den sang beviste, hvor langt Buck var vendt tilbage til sine oprindelser.

Through snow and howling he had found the start of his own life.

Gennem sne og hylende lyde havde han fundet starten på sit eget liv.

Seven days after arriving in Dawson, they set off once again.

Syv dage efter ankomsten til Dawson rejste de afsted igen.

The team dropped from the Barracks down to the Yukon Trail.

Holdet faldt fra kasernen ned til Yukon Trail.

They began the journey back toward Dyea and Salt Water.

De begyndte rejsen tilbage mod Dyea og Salt Water.

Perrault carried dispatches even more urgent than before.

Perrault bragte endnu mere presserende depecher end før.

He was also seized by trail pride and aimed to set a record.

Han blev også grebet af stolthed over stien og stræbte efter at sætte rekord.

This time, several advantages were on Perrault's side.

Denne gang var der flere fordele på Perraults side.

The dogs had rested for a full week and regained their strength.

Hundene havde hvilet sig i en hel uge og genvundet deres kræfter.

The trail they had broken was now hard-packed by others.

Det spor, de havde brød, var nu hårdt pakket af andre.

In places, police had stored food for dogs and men alike.

Nogle steder havde politiet opbevaret mad til både hunde og mænd.

Perrault traveled light, moving fast with little to weigh him down.

Perrault rejste let, bevægede sig hurtigt og havde kun lidt til at tynge ham ned.

They reached Sixty-Mile, a fifty-mile run, by the first night.

De nåede Sixty-Mile, en løbetur på 80 kilometer, allerede den første nat.

On the second day, they rushed up the Yukon toward Pelly.

På den anden dag stormede de op ad Yukon-floden mod Pelly.

But such fine progress came with much strain for François.

Men sådanne fine fremskridt medførte stor belastning for François.

Buck's quiet rebellion had shattered the team's discipline.

Bucks stille oprør havde knust holdets disciplin.

They no longer pulled together like one beast in the reins.

De trak ikke længere sammen som ét dyr i tøjlerne.

Buck had led others into defiance through his bold example.

Buck havde ført andre til trods gennem sit modige eksempel.

Spitz's command was no longer met with fear or respect.

Spitz' befaling blev ikke længere mødt med frygt eller respekt.

The others lost their awe of him and dared to resist his rule.

De andre mistede deres ærefrygt for ham og turde modsætte sig hans styre.

One night, Pike stole half a fish and ate it under Buck's eye.

En nat stjal Pike en halv fisk og spiste den lige foran Bucks øjne.

Another night, Dub and Joe fought Spitz and went unpunished.

En anden nat kæmpede Dub og Joe mod Spitz og slap ustraffet.

Even Billee whined less sweetly and showed new sharpness.

Selv Billee klynkede mindre sødt og viste ny skarphed.

Buck snarled at Spitz every time they crossed paths.

Buck knurrede ad Spitz, hver gang de krydsede veje.

Buck's attitude grew bold and threatening, nearly like a bully.

Bucks attitude blev dristig og truende, næsten som en bølle.

He paced before Spitz with a swagger, full of mocking menace.

Han gik frem og tilbage foran Spitz med en Pral, fuld af hånlig trussel.

That collapse of order also spread among the sled-dogs.

Det sammenbrud af orden spredte sig også blandt slædehundene.

They fought and argued more than ever, filling camp with noise.

De skændtes og skændtes mere end nogensinde før og fyldte lejren med støj.

Camp life turned into a wild, howling chaos each night.

Lejrlivet forvandlede sig til et vildt, hylende kaos hver nat.

Only Dave and Solleks remained steady and focused.

Kun Dave og Solleks forblev stabile og fokuserede.

But even they became short-tempered from the constant brawls.

Men selv de blev kort lunte af de konstante slagsmål.

François cursed in strange tongues and stomped in frustration.

François bandede på fremmede sprog og trampede i frustration.

He tore at his hair and shouted while snow flew underfoot.

Han rev sig i håret og råbte, mens sneen fløj under fødderne.

His whip snapped across the pack but barely kept them in line.

Hans pisk knækkede hen over flokken, men holdt dem lige akkurat på linje.

Whenever his back was turned, the fighting broke out again.

Hver gang han vendte ryggen til, brød kampene ud igen.

François used the lash for Spitz, while Buck led the rebels.

François brugte piskeslaget til Spitz, mens Buck førte an i oprørerne.

Each knew the other's role, but Buck avoided any blame.

Begge kendte den andens rolle, men Buck undgik enhver bebrejdelse.

François never caught Buck starting a fight or shirking his job.

François opdagede aldrig Buck i at starte et slagsmål eller unddrage sig sit arbejde.

Buck worked hard in harness — the toil now thrilled his spirit.

Buck arbejdede hårdt i seletøj – sliddet opildnede nu hans humør.

But he found even more joy in stirring fights and chaos in camp.

Men han fandt endnu mere glæde i at opildne til slagsmål og kaos i lejren.

At the Tahkeena's mouth one evening, Dub startled a rabbit.

En aften ved Tahkeenas mund forskrækkede Dub en kanin.

He missed the catch, and the snowshoe rabbit sprang away.

Han missede fangsten, og sneskokaninen sprang væk.

In seconds, the entire sled team gave chase with wild cries.

På få sekunder satte hele slædeholdet efter dem under vilde skrig.

Nearby, a Northwest Police camp housed fifty husky dogs.

I nærheden husede en politilejr for det nordvestlige politi halvtreds huskyhunde.

They joined the hunt, surging down the frozen river together.

De sluttede sig til jagten og strømmede sammen ned ad den frosne flod.

The rabbit turned off the river, fleeing up a frozen creek bed.

Kaninen drejede væk fra floden og flygtede op ad et frossent bækleje.

The rabbit skipped lightly over snow while the dogs struggled through.

Kaninen hoppede let hen over sneen, mens hundene kæmpede sig igennem.

Buck led the massive pack of sixty dogs around each twisting bend.

Buck førte den enorme flok på tres hunde rundt om hvert snoede sving.

He pushed forward, low and eager, but could not gain ground.

Han skubbede sig fremad, lavt og ivrigt, men kunne ikke vinde terræn.

His body flashed under the pale moon with each powerful leap.

Hans krop glimtede under den blege måne ved hvert kraftfulde spring.

Ahead, the rabbit moved like a ghost, silent and too fast to catch.

Foran bevægede kaninen sig som et spøgelse, tavs og for hurtig til at indhente.

All those old instincts—the hunger, the thrill—rushed through Buck.

Alle de gamle instinkter – sulten, spændingen – strømmede gennem Buck.

Humans feel this instinct at times, driven to hunt with gun and bullet.

Mennesker føler dette instinkt til tider, drevet til at jage med gevær og kugle.

But Buck felt this feeling on a deeper and more personal level.

Men Buck følte denne følelse på et dybere og mere personligt plan.

They could not feel the wild in their blood the way Buck could feel it.

De kunne ikke føle vildskaben i deres blod, sådan som Buck kunne.

He chased living meat, ready to kill with his teeth and taste blood.

Han jagtede levende kød, klar til at dræbe med tænderne og smage blod.

His body strained with joy, wanting to bathe in warm red life.

Hans krop anstrengte sig af glæde og ville bade i varmt, rødt liv.

A strange joy marks the highest point life can ever reach.

En mærkelig glæde markerer det højeste punkt, livet nogensinde kan nå.

The feeling of a peak where the living forget they are even alive.

Følelsen af et højdepunkt, hvor de levende glemmer, at de overhovedet er i live.

This deep joy touches the artist lost in blazing inspiration.

Denne dybe glæde rører kunstneren, der er fortabt i en flammende inspiration.

This joy seizes the soldier who fights wildly and spares no foe.

Denne glæde griber soldaten, der kæmper vildt og ikke skåner nogen fjende.

This joy now claimed Buck as he led the pack in primal hunger.

Denne glæde krævede nu Buck, da han førte an i flokken i ursult.

He howled with the ancient wolf-cry, thrilled by the living chase.

Han hylede med det ældgamle ulveskrig, begejstret af den levende jagt.

Buck tapped into the oldest part of himself, lost in the wild.

Buck tappede ind i den ældste del af sig selv, fortabt i naturen.

He reached deep within, past memory, into raw, ancient time.

Han nåede dybt ind i sin indre, ind i tidligere erindring, ind i den rå, ældgamle tid.

A wave of pure life surged through every muscle and tendon.

En bølge af rent liv strømmede gennem hver en muskel og sene.

Each leap shouted that he lived, that he moved through death.

Hvert spring råbte, at han levede, at han bevægede sig gennem døden.

His body soared joyfully over still, cold land that never stirred.

Hans krop svævede glædesfyldt over det stille, kolde land, der aldrig rørte sig.

Spitz stayed cold and cunning, even in his wildest moments.

Spitz forblev kold og snedig, selv i sine vildeste øjeblikke.

He left the trail and crossed land where the creek curved wide.

Han forlod stien og krydsede land, hvor bækken snoede sig bredt.

Buck, unaware of this, stayed on the rabbit's winding path.

Buck, uvidende om dette, blev på kaninens snoede sti.

Then, as Buck rounded a bend, the ghost-like rabbit was before him.

Så, da Buck rundede et sving, var den spøgelseslignende kanin foran ham.

He saw a second figure leap from the bank ahead of the prey.

Han så en anden skikkelse springe fra bredden foran byttet.

The figure was Spitz, landing right in the path of the fleeing rabbit.

Skikkelsen var Spitz, der landede lige i den flygtende kanins vej.

The rabbit could not turn and met Spitz's jaws in mid-air.

Kaninen kunne ikke vende sig og mødte Spitz' kæber i luften.

The rabbit's spine broke with a shriek as sharp as a dying human's cry.

Kaninens rygrad brækkede med et skrig så skarpt som et døende menneskes skrig.

At that sound—the fall from life to death—the pack howled loud.

Ved den lyd – faldet fra liv til død – hylede flokken højt.

A savage chorus rose from behind Buck, full of dark delight.

Et vildt kor rejste sig bag Buck, fuldt af mørk fryd.

Buck gave no cry, no sound, and charged straight into Spitz.

Buck skreg ikke, ingen lyd, og stormede direkte ind i Spitz.

He aimed for the throat, but struck the shoulder instead.

Han sigtede efter halsen, men ramte i stedet skulderen.

They tumbled through soft snow; their bodies locked in combat.

De tumlede gennem blød sne; deres kroppe var låst fast i kamp.

Spitz sprang up quickly, as if never knocked down at all.

Spitz sprang hurtigt op, som om han aldrig var blevet slået ned.

He slashed Buck's shoulder, then leaped clear of the fight.

Han skar Buck i skulderen og sprang derefter væk fra kampen.

Twice his teeth snapped like steel traps, lips curled and fierce.

To gange knækkede hans tænder som stålfælder, læberne var krøllede og vilde.

He backed away slowly, seeking firm ground under his feet.

Han bakkede langsomt væk og søgte fast grund under fødderne.

Buck understood the moment instantly and fully.

Buck forstod øjeblikket øjeblikkeligt og fuldt ud.

The time had come; the fight was going to be a fight to the death.

Tiden var kommet; kampen ville blive en kamp til døden.

The two dogs circled, growling, ears flat, eyes narrowed.

De to hunde gik i ring, knurrede med flade ører og sammenknyttede øjne.

Each dog waited for the other to show weakness or misstep.

Hver hund ventede på, at den anden skulle vise svaghed eller fejltrin.

To Buck, the scene felt eerily known and deeply remembered.

For Buck føltes scenen uhyggeligt kendt og dybt husket.

The white woods, the cold earth, the battle under moonlight.

De hvide skove, den kolde jord, kampen under måneskin.
A heavy silence filled the land, deep and unnatural.
En tung stilhed fyldte landet, dyb og unaturlig.
No wind stirred, no leaf moved, no sound broke the stillness.
Ingen vind rørte sig, intet blad bevægede sig, ingen lyd brød stilheden.
The dogs' breaths rose like smoke in the frozen, quiet air.
Hundenes åndedrag steg som røg i den frosne, stille luft.
The rabbit was long forgotten by the pack of wild beasts.
Kaninen var for længst glemt af flokken af vilde dyr.
These half-tamed wolves now stood still in a wide circle.
Disse halvtæmmede ulve stod nu stille i en vid cirkel.
They were quiet, only their glowing eyes revealed their hunger.
De var stille, kun deres glødende øjne afslørede deres sult.
Their breath drifted upward, watching the final fight begin.
Deres åndedræt drev opad, mens de så den sidste kamp begynde.
To Buck, this battle was old and expected, not strange at all.
For Buck var dette slag gammelt og forventet, slet ikke mærkeligt.
It felt like a memory of something always meant to happen.
Det føltes som et minde om noget, der altid har været meningen, at skulle ske.
Spitz was a trained fighting dog, honed by countless wild brawls.
Spitz var en trænet kamphund, finpudset af utallige vilde slagsmål.
From Spitzbergen to Canada, he had mastered many foes.
Fra Spitsbergen til Canada havde han besejret mange fjender.
He was filled with fury, but never gave control to rage.
Han var fyldt med raseri, men gav aldrig kontrollen over raseriet.
His passion was sharp, but always tempered by hard instinct.

Hans lidenskab var skarp, men altid dæmpet af et hårdt instinkt.

He never attacked until his own defense was in place.

Han angreb aldrig, før hans eget forsvar var på plads.

Buck tried again and again to reach Spitz's vulnerable neck.

Buck forsøgte igen og igen at nå Spitz' sårbare hals.

But every strike was met by a slash from Spitz's sharp teeth.

Men hvert slag blev mødt af et hug fra Spitz' skarpe tænder.

Their fangs clashed, and both dogs bled from torn lips.

Deres hugtænder stødte sammen, og begge hunde blødte fra flængede læber.

No matter how Buck lunged, he couldn't break the defense.

Uanset hvor meget Buck kastede sig frem, kunne han ikke bryde forsvaret.

He grew more furious, rushing in with wild bursts of power.

Han blev mere og mere rasende og stormede ind med vilde magtanfald.

Again and again, Buck struck for the white throat of Spitz.

Igen og igen slog Buck efter Spitz' hvide strube.

Each time Spitz evaded and struck back with a slicing bite.

Hver gang undveg Spitz og slog igen med et skivende bid.

Then Buck shifted tactics, rushing as if for the throat again.

Så ændrede Buck taktik og skyndte sig igen, som om han ville have struben.

But he pulled back mid-attack, turning to strike from the side.

Men han trak sig tilbage midt i angrebet og vendte sig mod siden.

He threw his shoulder into Spitz, aiming to knock him down.

Han kastede sin skulder ind i Spitz i den hensigt at slå ham ned.

Each time he tried, Spitz dodged and countered with a slash.

Hver gang han forsøgte, undveg Spitz og svarede igen med et hug.

Buck's shoulder grew raw as Spitz leapt clear after every hit.

Bucks skulder blev ømme, da Spitz sprang fri efter hvert slag.

Spitz had not been touched, while Buck bled from many wounds.

Spitz var ikke blevet rørt, mens Buck blødte fra mange sår.

Buck's breath came fast and heavy, his body slick with blood.

Bucks åndedrag kom hurtigt og tungt, hans krop glat af blod.

The fight turned more brutal with each bite and charge.

Kampen blev mere brutal med hvert bid og angreb.

Around them, sixty silent dogs waited for the first to fall.

Omkring dem ventede tres tavse hunde på, at de første skulle falde.

If one dog dropped, the pack were going to finish the fight.

Hvis én hund faldt, ville flokken afslutte kampen.

Spitz saw Buck weakening, and began to press the attack.

Spitz så Buck blive svagere og begyndte at presse på for angrebet.

He kept Buck off balance, forcing him to fight for footing.

Han holdt Buck ude af balance og tvang ham til at kæmpe for fodfæste.

Once Buck stumbled and fell, and all the dogs rose up.

Engang snublede Buck og faldt, og alle hundene rejste sig.

But Buck righted himself mid-fall, and everyone sank back down.

Men Buck rettede sig op midt i faldet, og alle sank ned igen.

Buck had something rare—imagination born from deep instinct.

Buck havde noget sjældent – fantasi født af dyb instinkt.

He fought by natural drive, but he also fought with cunning.

Han kæmpede af naturlig drift, men han kæmpede også med list.

He charged again as if repeating his shoulder attack trick.

Han angreb igen, som om han gentog sit skulderangrebstrick.

But at the last second, he dropped low and swept beneath Spitz.

Men i sidste sekund faldt han lavt og fejede ind under Spitz.

His teeth locked on Spitz's front left leg with a snap.

Hans tænder låste sig fast på Spitz' forreste venstre ben med et smæld.

Spitz now stood unsteady, his weight on only three legs.
Spitz stod nu ustabel, hans vægt på kun tre ben.

Buck struck again, tried three times to bring him down.
Buck slog til igen og forsøgte tre gange at få ham ned.

On the fourth attempt he used the same move with success
I fjerde forsøg brugte han den samme bevægelse med succes

This time Buck managed to bite the right leg of Spitz.
Denne gang lykkedes det Buck at bide Spitz i højre ben.

Spitz, though crippled and in agony, kept struggling to survive.
Spitz, selvom han var forkrøblet og i smerte, kæmpede fortsat for at overleve.

He saw the circle of huskies tighten, tongues out, eyes glowing.
Han så kredsen af huskyer stramme sig sammen, med tungerne ude og øjnene glødende.

They waited to devour him, just as they had done to others.
De ventede på at fortære ham, ligesom de havde gjort mod andre.

This time, he stood in the center; defeated and doomed.
Denne gang stod han i midten; besejret og dømt.

There was no option to escape for the white dog now.
Der var ingen mulighed for at flygte for den hvide hund nu.

Buck showed no mercy, for mercy did not belong in the wild.
Buck viste ingen nåde, for nåde hørte ikke hjemme i naturen.

Buck moved carefully, setting up for the final charge.
Buck bevægede sig forsigtigt og gjorde sig klar til det sidste angreb.

The circle of huskies closed in; he felt their warm breaths.
Cirklen af huskyer lukkede sig om ham; han mærkede deres varme åndedræt.

They crouched low, prepared to spring when the moment came.
De krøb sammen, klar til at springe, når øjeblikket kom.

Spitz quivered in the snow, snarling and shifting his stance.
Spitz dirrede i sneen, knurrede og skiftede stilling.
His eyes glared, lips curled, teeth flashing in desperate threat.
Hans øjne stirrede, læberne krøllede sig sammen, tænderne glimtede i desperat trussel.
He staggered, still trying to hold off the cold bite of death.
Han vaklede, stadig forsøgende at holde dødens kolde bid tilbage.
He had seen this before, but always from the winning side.
Han havde set dette før, men altid fra den vindende side.
Now he was on the losing side; the defeated; the prey; death.
Nu var han på den tabende side; den besejrede; byttet; døden.
Buck circled for the final blow, the ring of dogs pressed closer.
Buck gik i kredse for at give det sidste slag, hundekredsen pressede sig tættere på.
He could feel their hot breaths; ready for the kill.
Han kunne mærke deres varme åndedræt; klar til at blive dræbt.
A stillness fell; all was in its place; time had stopped.
Der faldt stilhed; alt var på sin plads; tiden var gået i stå.
Even the cold air between them froze for one last moment.
Selv den kolde luft mellem dem frøs til et sidste øjeblik.
Only Spitz moved, trying to hold off his bitter end.
Kun Spitz bevægede sig og forsøgte at holde sin bitre ende tilbage.
The circle of dogs was closing in around him, as was his destiny.
Hundekredsen lukkede sig om ham, ligesom hans skæbne var.
He was desperate now, knowing what was about to happen.
Han var desperat nu, vel vidende hvad der ville ske.
Buck sprang in, shoulder met shoulder one last time.
Buck sprang ind, skulder mødte skulder en sidste gang.
The dogs surged forward, covering Spitz in the snowy dark.
Hundene stormede frem og dækkede Spitz i det snedækkede mørke.

Buck watched, standing tall; the victor in a savage world.
Buck så til, rank stående; sejrherren i en vild verden.
The dominant primordial beast had made its kill, and it was good.
Det dominerende urdyr havde gjort sit dræb, og det var godt.

He, Who Has Won to Mastership
Han, som har vundet mesterskabet

"Eh? What did I say? I speak true when I say Buck is a devil."

"Øh? Hvad sagde jeg? Jeg taler sandt, når jeg siger, at Buck er en djævel."

François said this the next morning after finding Spitz missing.

François sagde dette den næste morgen efter at have fundet Spitz savnet.

Buck stood there, covered with wounds from the vicious fight.

Buck stod der, dækket af sår fra den voldsomme kamp.

François pulled Buck near the fire and pointed at the injuries.

François trak Buck hen til ilden og pegede på sårene.

"That Spitz fought like the Devik," said Perrault, eyeing the deep gashes.

"Den Spitz kæmpede som Devik," sagde Perrault, mens han betragtede de dybe snitsår.

"And that Buck fought like two devils," François replied at once.

„Og at Buck kæmpede som to djævle," svarede François straks.

"Now we will make good time; no more Spitz, no more trouble."

"Nu skal vi have det godt; ikke mere Spitz, ikke mere ballade."

Perrault was packing the gear and loaded the sled with care.

Perrault pakkede udstyret og læssede slæden omhyggeligt.

François harnessed the dogs in preparation for the day's run.

François spændte hundene for som forberedelse til dagens løbetur.

Buck trotted straight to the lead position once held by Spitz.

Buck travede direkte til den førende position, som Spitz engang havde haft.

But François, not noticing, led Solleks forward to the front.

Men François, uden at bemærke det, førte Solleks frem til fronten.

In François's judgment, Solleks was now the best lead-dog.

Efter François' vurdering var Solleks nu den bedste førerhund.

Buck sprang at Solleks in fury and drove him back in protest.

Buck sprang rasende mod Solleks og drev ham tilbage i protest.

He stood where Spitz once had stood, claiming the lead position.

Han stod, hvor Spitz engang havde stået, og gjorde krav på den førende position.

"Eh? Eh?" cried François, slapping his thighs in amusement.

"Eh? Eh?" udbrød François og slog sig muntert på lårene.

"Look at Buck—he killed Spitz, now he wants to take the job!"

"Se på Buck – han dræbte Spitz, nu vil han tage jobbet!"

"Go away, Chook!" he shouted, trying to drive Buck away.

"Gå væk, Chook!" råbte han og forsøgte at skræmme Buck væk.

But Buck refused to move and stood firm in the snow.

Men Buck nægtede at røre sig og stod fast i sneen.

François grabbed Buck by the scruff, dragging him aside.

François greb fat i Bucks halsskind og trak ham til side.

Buck growled low and threateningly but did not attack.

Buck knurrede lavt og truende, men angreb ikke.

François put Solleks back in the lead, trying to settle the dispute

François bragte Solleks tilbage i føringen og forsøgte at bilægge striden.

The old dog showed fear of Buck and didn't want to stay.

Den gamle hund viste frygt for Buck og ville ikke blive.

When François turned his back, Buck drove Solleks out again.

Da François vendte ryggen til, drev Buck Solleks ud igen.

Solleks did not resist and quietly stepped aside once more.

Solleks gjorde ikke modstand og trådte stille til side endnu engang.

François grew angry and shouted, "By God, I fix you!"

François blev vred og råbte: "Ved Gud, jeg ordner dig!"

He came toward Buck holding a heavy club in his hand.

Han kom hen imod Buck med en tung kølle i hånden.

Buck remembered the man in the red sweater well.

Buck huskede tydeligt manden i den røde sweater.

He retreated slowly, watching François, but growling deeply.

Han trak sig langsomt tilbage, mens han iagttog François, men knurrede dybt.

He did not rush back, even when Solleks stood in his place.

Han skyndte sig ikke tilbage, selv da Solleks stod på hans plads.

Buck circled just beyond reach, snarling in fury and protest.

Buck cirklede lige uden for rækkevidde, mens han knurrede i raseri og protest.

He kept his eyes on the club, ready to dodge if François threw.

Han holdt blikket rettet mod køllen, klar til at undvige, hvis François kastede.

He had grown wise and wary in the ways of men with weapons.

Han var blevet klog og på vagt over for mænd med våben.

François gave up and called Buck to his former place again.

François gav op og kaldte Buck tilbage til sit tidligere sted igen.

But Buck stepped back cautiously, refusing to obey the order.

Men Buck trådte forsigtigt tilbage og nægtede at adlyde ordren.

François followed, but Buck only retreated a few steps more.

François fulgte efter, men Buck trak sig kun et par skridt tilbage.

After some time, François threw the weapon down in frustration.

Efter et stykke tid kastede François våbnet fra sig i frustration.

He thought Buck feared a beating and was going to come quietly.

Han troede, at Buck frygtede at blive slået, og at han ville komme stille og roligt.

But Buck wasn't avoiding punishment—he was fighting for rank.

Men Buck undgik ikke straf – han kæmpede for rang.

He had earned the lead-dog spot through a fight to the death

Han havde fortjent førerhundspladsen gennem en kamp på liv og død

he was not going to settle for anything less than being the leader.

Han ville ikke nøjes med andet end at være leder.

Perrault took a hand in the chase to help catch the rebellious Buck.

Perrault tog en hånd med i jagten for at hjælpe med at fange den oprørske Buck.

Together, they ran him around the camp for nearly an hour.

Sammen løb de ham rundt i lejren i næsten en time.

They hurled clubs at him, but Buck dodged each one skillfully.

De kastede køller efter ham, men Buck undveg hver enkelt dygtigt.

They cursed him, his ancestors, his descendants, and every hair on him.

De forbandede ham, hans forfædre, hans efterkommere og hvert et hårstrå på ham.

But Buck only snarled back and stayed just out of their reach.

Men Buck knurrede bare tilbage og holdt sig lige uden for deres rækkevidde.

He never tried to run away but circled the camp deliberately.

Han forsøgte aldrig at løbe væk, men gik bevidst rundt om lejren.

He made it clear he was going to obey once they gave him what he wanted.

Han gjorde det klart, at han ville adlyde, når de først havde givet ham, hvad han ønskede.

François finally sat down and scratched his head in frustration.

François satte sig endelig ned og kløede sig frustreret i hovedet.

Perrault checked his watch, swore, and muttered about lost time.

Perrault kiggede på sit ur, bandede og mumlede om tabt tid.

An hour had already passed when they should have been on the trail.

Der var allerede gået en time, hvor de burde have været på sporet.

François shrugged sheepishly at the courier, who sighed in defeat.

François trak fåret på skuldrene mod kureren, som sukkede nederlagent.

Then François walked to Solleks and called out to Buck once more.

Så gik François hen til Solleks og kaldte endnu engang på Buck.

Buck laughed like a dog laughs, but kept his cautious distance.

Buck lo som en hund griner, men holdt sig forsigtigt på afstand.

François removed Solleks's harness and returned him to his spot.

François tog Solleks' sele af og bragte ham tilbage på sin plads.

The sled team stood fully harnessed, with only one spot unfilled.

Slædeholdet stod fuldt spændt, med kun én ledig plads.

The lead position remained empty, clearly meant for Buck alone.

Føringspositionen forblev tom, tydeligvis kun tiltænkt Buck.

François called again, and again Buck laughed and held his ground.

François kaldte igen, og igen lo Buck og holdt stand.

"Throw down the club," Perrault ordered without hesitation.

"Smid køllen ned," beordrede Perrault uden tøven.

François obeyed, and Buck immediately trotted forward proudly.

François adlød, og Buck travede straks stolt frem.

He laughed triumphantly and stepped into the lead position.

Han lo triumferende og trådte ind i førerpositionen.

François secured his traces, and the sled was broken loose.

François sikrede sine spor, og slæden blev brudt løs.

Both men ran alongside as the team raced onto the river trail.

Begge mænd løb side om side, mens holdet løb ind på flodstien.

François had thought highly of Buck's "two devils,"

François havde haft høje tanker om Bucks "to djævle".

but he soon realized he had actually underestimated the dog.

men han indså hurtigt, at han faktisk havde undervurderet hunden.

Buck quickly assumed leadership and performed with excellence.

Buck overtog hurtigt lederskabet og præsterede med fremragende præstation.

In judgment, quick thinking, and fast action, Buck surpassed Spitz.

I dømmekraft, hurtig tænkning og hurtig handling overgik Buck Spitz.

François had never seen a dog equal to what Buck now displayed.

François havde aldrig set en hund, der kunne måle sig med den, Buck nu fremviste.

But Buck truly excelled in enforcing order and commanding respect.

Men Buck udmærkede sig virkelig ved at håndhæve orden og indgyde respekt.

Dave and Solleks accepted the change without concern or protest.

Dave og Solleks accepterede ændringen uden bekymring eller protest.

They focused only on work and pulling hard in the reins.

De fokuserede kun på arbejde og at trække hårdt i tøjlerne.

They cared little who led, so long as the sled kept moving.

De var ligeglade med, hvem der førte, så længe slæden blev ved med at bevæge sig.

Billee, the cheerful one, could have led for all they cared.

Billee, den muntre, kunne have ledet an uanset hvad de brød sig om.

What mattered to them was peace and order in the ranks.

Det, der betød noget for dem, var ro og orden i rækkerne.

The rest of the team had grown unruly during Spitz's decline.

Resten af holdet var blevet uregerligt under Spitz' tilbagegang.

They were shocked when Buck immediately brought them to order.

De var chokerede, da Buck straks bragte dem til orden.

Pike had always been lazy and dragging his feet behind Buck.

Pike havde altid været doven og havde slæbt fødderne efter Buck.

But now was sharply disciplined by the new leadership.

Men nu blev han skarpt disciplineret af den nye ledelse.

And he quickly learned to pull his weight in the team.

Og han lærte hurtigt at trække sin balk på holdet.

By the end of the day, Pike worked harder than ever before.

Ved dagens slutning arbejdede Pike hårdere end nogensinde før.

That night in camp, Joe, the sour dog, was finally subdued.

Den aften i lejren blev Joe, den sure hund, endelig underkuet.

Spitz had failed to discipline him, but Buck did not fail.

Spitz havde undladt at disciplinere ham, men Buck fejlede ikke.

Using his greater weight, Buck overwhelmed Joe in seconds.
Ved at bruge sin større vægt overmandede Buck Joe på få
sekunder.
**He bit and battered Joe until he whimpered and ceased
resisting.**
Han bed og slog Joe, indtil han klynkede og holdt op med at
gøre modstand.
The whole team improved from that moment on.
Hele holdet forbedrede sig fra det øjeblik.
The dogs regained their old unity and discipline.
Hundene genvandt deres gamle sammenhold og disciplin.
**At Rink Rapids, two new native huskies, Teek and Koona,
joined.**
Ved Rink Rapids kom to nye indfødte huskies, Teek og Koona,
til.
Buck's swift training of them astonished even François.
Bucks hurtige træning af dem forbløffede selv François.
**"Never was there such a dog as that Buck!" he cried in
amazement.**
"Aldrig har der været sådan en hund som den Buck!" udbrød
han forbløffet.
"No, never! He's worth one thousand dollars, by God!"
"Nej, aldrig! Han er tusind dollars værd, for pokker!"
"Eh? What do you say, Perrault?" he asked with pride.
"Eh? Hvad siger du, Perrault?" spurgte han stolt.
Perrault nodded in agreement and checked his notes.
Perrault nikkede samtykkende og tjekkede sine noter.
We're already ahead of schedule and gaining more each day.
Vi er allerede foran tidsplanen og får mere hver dag.
The trail was hard-packed and smooth, with no fresh snow.
Stien var hårdt pakket og jævn, uden nysne.
**The cold was steady, hovering at fifty below zero
throughout.**
Kulden var støt og svævede på halvtreds minusgrader hele
tiden.
The men rode and ran in turns to keep warm and make time.
Mændene red og løb på skift for at holde varmen og få tid.

The dogs ran fast with few stops, always pushing forward.
Hundene løb hurtigt med få stop, altid skubbede de fremad.
The Thirty Mile River was mostly frozen and easy to travel across.
Thirty Mile-floden var for det meste frossen og nem at krydse.
They went out in one day what had taken ten days coming in.
De drog ud på én dag, hvad der havde taget ti dage at komme ind.
They made a sixty-mile dash from Lake Le Barge to White Horse.
De susede 10 kilometer fra Lake Le Barge til White Horse.
Across Marsh, Tagish, and Bennett Lakes they moved incredibly fast.
Hen over Marsh, Tagish og Bennett Lakes bevægede de sig utroligt hurtigt.
The running man towed behind the sled on a rope.
Den løbende mand bugserede bag slæden i et reb.
On the last night of week two they got to their destination.
På den sidste aften i uge to nåede de deres destination.
They had reached the top of White Pass together.
De havde nået toppen af White Pass sammen.
They dropped down to sea level with Skaguay's lights below them.
De faldt ned til havets overflade med Skaguays lys under dem.
It had been a record-setting run across miles of cold wilderness.
Det havde været en rekordslået løbetur gennem kilometervis af kold vildmark.
For fourteen days straight, they averaged a strong forty miles.
I fjorten dage i træk tilbagelagde de et gennemsnit på 64 kilometer.
In Skaguay, Perrault and François moved cargo through town.
I Skaguay flyttede Perrault og François gods gennem byen.

They were cheered and offered many drinks by admiring crowds.
De blev hyldet og tilbudt mange drinks af beundrende folkemængder.
Dog-busters and workers gathered around the famous dog team.
Hundejagtere og arbejdere samledes omkring det berømte hundespand.
Then western outlaws came to town and met violent defeat.
Så kom vestlige fredløse til byen og led et voldsomt nederlag.
The people soon forgot the team and focused on new drama.
Folket glemte hurtigt holdet og fokuserede på nyt drama.
Then came the new orders that changed everything at once.
Så kom de nye ordrer, der ændrede alt på én gang.
François called Buck to him and hugged him with tearful pride.
François kaldte Buck hen til sig og krammede ham med tårevædet stolthed.
That moment was the last time Buck ever saw François again.
Det øjeblik var sidste gang Buck nogensinde så François igen.
Like many men before, both François and Perrault were gone.
Ligesom mange mænd før var både François og Perrault væk.
A Scotch half-breed took charge of Buck and his sled dog teammates.
En skotsk halvblodshund tog ansvaret for Buck og hans slædehundekammerater.
With a dozen other dog teams, they returned along the trail to Dawson.
Med et dusin andre hundehold vendte de tilbage langs stien til Dawson.
It was no fast run now—just heavy toil with a heavy load each day.
Det var ikke længere nogen hurtig løbetur – bare hårdt slid med en tung last hver dag.

This was the mail train, bringing word to gold hunters near the Pole.

Dette var posttoget, der bragte bud til guldjægere nær polen.

Buck disliked the work but bore it well, taking pride in his effort.

Buck kunne ikke lide arbejdet, men han bar det godt og var stolt af sin indsats.

Like Dave and Solleks, Buck showed devotion to every daily task.

Ligesom Dave og Solleks viste Buck hengivenhed til hver eneste daglige opgave.

He made sure his teammates each pulled their fair weight.

Han sørgede for, at hans holdkammerater hver især ydede deres rette pligt.

Trail life became dull, repeated with the precision of a machine.

Livet på stierne blev kedeligt, gentaget med en maskines præcision.

Each day felt the same, one morning blending into the next.

Hver dag føltes ens, den ene morgen smeltede sammen med den næste.

At the same hour, the cooks rose to build fires and prepare food.

I samme time stod kokkene op for at lave bål og tilberede mad.

After breakfast, some left camp while others harnessed the dogs.

Efter morgenmaden forlod nogle lejren, mens andre spændte hundene for.

They hit the trail before the dim warning of dawn touched the sky.

De ramte stien, før den svage varsling om daggry rørte himlen.

At night, they stopped to make camp, each man with a set duty.

Om natten stoppede de for at slå lejr, hver mand med en fast opgave.

Some pitched the tents, others cut firewood and gathered pine boughs.

Nogle slog telte op, andre fældede brænde og samlede fyrregrene.

Water or ice was carried back to the cooks for the evening meal.

Vand eller is blev båret tilbage til kokkene til aftensmåltidet.

The dogs were fed, and this was the best part of the day for them.

Hundene blev fodret, og dette var den bedste del af dagen for dem.

After eating fish, the dogs relaxed and lounged near the fire.

Efter at have spist fisk, slappede hundene af og lå ved bålet.

There were a hundred other dogs in the convoy to mingle with.

Der var hundrede andre hunde i konvojen at blande sig med.

Many of those dogs were fierce and quick to fight without warning.

Mange af disse hunde var vilde og hurtige til at slås uden varsel.

But after three wins, Buck mastered even the fiercest fighters.

Men efter tre sejre mestrede Buck selv de vildeste kæmpere.

Now when Buck growled and showed his teeth, they stepped aside.

Da Buck knurrede og viste tænderne, trådte de til side.

Perhaps best of all, Buck loved lying near the flickering campfire.

Måske allerbedst elskede Buck at ligge nær det blafrende lejrbål.

He crouched with hind legs tucked and front legs stretched ahead.

Han krøb sammen med bagbenene indad og forbenene strakt fremad.

His head was raised as he blinked softly at the glowing flames.

Hans hoved var løftet, mens han blinkede sagte mod de glødende flammer.

Sometimes he recalled Judge Miller's big house in Santa Clara.

Nogle gange huskede han dommer Millers store hus i Santa Clara.

He thought of the cement pool, of Ysabel, and the pug called Toots.

Han tænkte på cementbassinet, på Ysabel og mopsen, der hed Toots.

But more often he remembered the man with the red sweater's club.

Men oftere huskede han manden med den røde sweaters kølle.

He remembered Curly's death and his fierce battle with Spitz.

Han huskede Krøllets død og hans voldsomme kamp med Spitz.

He also recalled the good food he had eaten or still dreamed of.

Han huskede også den gode mad, han havde spist eller stadig drømte om.

Buck was not homesick—the warm valley was distant and unreal.

Buck havde ikke hjemve – den varme dal var fjern og uvirkelig.

Memories of California no longer held any real pull over him.

Minderne fra Californien havde ikke længere nogen reel tiltrækningskraft på ham.

Stronger than memory were instincts deep in his bloodline.

Stærkere end hukommelsen var instinkter dybt i hans blodslinje.

Habits once lost had returned, revived by the trail and the wild.

Engang tabte vaner var vendt tilbage, genoplivet af stien og naturen.

As Buck watched the firelight, it sometimes became something else.

Når Buck så på ildens skær, blev det sommetider til noget andet.

He saw in the firelight another fire, older and deeper than the present one.

Han så i ildens skær en anden ild, ældre og dybere end den nuværende.

Beside that other fire crouched a man unlike the half-breed cook.

Ved siden af den anden ild lå en mand, ulig den halvblodskok.

This figure had short legs, long arms, and hard, knotted muscles.

Denne figur havde korte ben, lange arme og hårde, knudrede muskler.

His hair was long and matted, sloping backward from the eyes.

Hans hår var langt og filtret og skrånede bagover fra øjnene.

He made strange sounds and stared out in fear at the darkness.

Han lavede mærkelige lyde og stirrede frygtsomt ud i mørket.

He held a stone club low, gripped tightly in his long rough hand.

Han holdt en stenkølle lavt, fast grebet i sin lange, ru hånd.

The man wore little; just a charred skin that hung down his back.

Manden havde kun lidt på; kun en forkullet hud, der hang ned ad ryggen.

His body was covered with thick hair across arms, chest, and thighs.

Hans krop var dækket af tykt hår på tværs af arme, bryst og lår.

Some parts of the hair were tangled into patches of rough fur.

Nogle dele af håret var viklet ind i pletter af ru pels.

He did not stand straight but bent forward from the hips to knees.

Han stod ikke lige, men bøjede sig forover fra hofterne til knæene.

His steps were springy and catlike, as if always ready to leap.

Hans skridt var spændstige og katteagtige, som om han altid var klar til at springe.

There was a sharp alertness, like he lived in constant fear.

Der var en skarp årvågenhed, som om han levede i konstant frygt.

This ancient man seemed to expect danger, whether the danger was seen or not.

Denne oldgamle mand syntes at forvente fare, uanset om faren blev set eller ej.

At times the hairy man slept by the fire, head tucked between legs.

Til tider sov den behårede mand ved ilden med hovedet mellem benene.

His elbows rested on his knees, hands clasped above his head.

Hans albuer hvilede på hans knæ, hænderne foldet over hans hoved.

Like a dog he used his hairy arms to shed off the falling rain.

Ligesom en hund brugte han sine behårede arme til at afværge den faldende regn.

Beyond the firelight, Buck saw twin coals glowing in the dark.

Bag ildens skær så Buck to kul, der glødede i mørket.

Always two by two, they were the eyes of stalking beasts of prey.

Altid to og to var de øjnene på forfølgende rovdyr.

He heard bodies crash through brush and sounds made in the night.

Han hørte lig brage gennem krat og lyde fra natten.

Lying on the Yukon bank, blinking, Buck dreamed by the fire.

Buck lå blinkende på Yukon-bredden og drømte ved ilden.

The sights and sounds of that wild world made his hair stand up.

Synene og lydene fra den vilde verden fik ham til at rejse sig i hårene.

The fur rose along his back, his shoulders, and up his neck.

Pelsen hævede sig langs hans ryg, hans skuldre og op ad hans hals.

He whimpered softly or gave a low growl deep in his chest.

Han klynkede sagte eller udstødte en lav knurren dybt i brystet.

Then the half-breed cook shouted, "Hey, you Buck, wake up!"

Så råbte den halvblods kok: "Hey, din Buck, vågn op!"

The dream world vanished, and real life returned to Buck's eyes.

Drømmeverdenen forsvandt, og det virkelige liv vendte tilbage i Bucks øjne.

He was going to get up, stretch, and yawn, as if woken from a nap.

Han ville til at stå op, strække sig og gabe, som om han var vækket fra en lur.

The trip was hard, with the mail sled dragging behind them.

Turen var hård, med postslæden slæbende bag dem.

Heavy loads and tough work wore down the dogs each long day.

Tunge læs og hårdt arbejde slidte hundene op hver lange dag.

They reached Dawson thin, tired, and needing over a week's rest.

De nåede Dawson tynde, trætte og havde brug for over en uges hvile.

But only two days later, they set out down the Yukon again.

Men kun to dage senere begav de sig igen ned ad Yukon-floden.

They were loaded with more letters bound for the outside world.

De var fyldt med flere breve på vej til omverdenen.

The dogs were exhausted and the men were complaining constantly.

Hundene var udmattede, og mændene klagede konstant.

Snow fell every day, softening the trail and slowing the sleds.

Sneen faldt hver dag, hvilket gjorde stien blødere og bremsede slæderne.

This made for harder pulling and more drag on the runners.

Dette gjorde at løberne trak hårdere og fik mere modstand.

Despite that, the drivers were fair and cared for their teams.

På trods af det var chaufførerne fair og tog sig af deres hold.

Each night, the dogs were fed before the men got to eat.

Hver aften blev hundene fodret, inden mændene fik mad.

No man slept before checking the feet of his own dog's.

Ingen mand sover, før han tjekker sin egen hunds fødder.

Still, the dogs grew weaker as the miles wore on their bodies.

Alligevel blev hundene svagere, efterhånden som kilometerne blev slidt på deres kroppe.

They had traveled eighteen hundred miles through the winter.

De havde rejst atten hundrede mil gennem vinteren.

They pulled sleds across every mile of that brutal distance.

De trak slæder over hver en kilometer af den brutale afstand.

Even the toughest sled dogs feel strain after so many miles.

Selv de sejeste slædehunde føler en belastning efter så mange kilometer.

Buck held on, kept his team working, and maintained discipline.

Buck holdt ud, holdt sit hold i gang og opretholdt disciplinen.

But Buck was tired, just like the others on the long journey.

Men Buck var træt, ligesom de andre på den lange rejse.

Billee whimpered and cried in his sleep each night without fail.

Billee klynkede og græd i søvne hver nat uden undtagelse.

Joe grew even more bitter, and Solleks stayed cold and distant.

Joe blev endnu mere bitter, og Solleks forblev kold og fjern.

But it was Dave who suffered the worst out of the entire team.

Men det var Dave, der led det værst af hele holdet.

Something had gone wrong inside him, though no one knew what.

Noget var gået galt indeni ham, selvom ingen vidste hvad.

He became moodier and snapped at others with growing anger.

Han blev mere humørsyg og snappede ad andre med voksende vrede.

Each night he went straight to his nest, waiting to be fed.

Hver nat gik han direkte til sin rede og ventede på at blive fodret.

Once he was down, Dave did not get up again till morning.

Da han først var nede, stod Dave ikke op igen før om morgenen.

On the reins, sudden jerks or starts made him cry out in pain.

På tøjlerne fik pludselige ryk eller start ham til at skrige af smerte.

His driver searched for the cause, but found no injury on him.

Hans chauffør ledte efter årsagen, men fandt ingen skader på ham.

All the drivers began watching Dave and discussed his case.

Alle chaufførerne begyndte at holde øje med Dave og diskuterede hans sag.

They talked at meals and during their final smoke of the day.

De talte sammen ved måltiderne og under dagens sidste rygning.

One night they held a meeting and brought Dave to the fire.

En aften holdt de et møde og bragte Dave hen til ilden.

They pressed and probed his body, and he cried out often.

De pressede og undersøgte hans krop, og han græd ofte.

Clearly, something was wrong, though no bones seemed broken.

Der var tydeligvis noget galt, selvom ingen knogler syntes at være brækkede.

By the time they reached Cassiar Bar, Dave was falling down.

Da de nåede Cassiar Bar, var Dave ved at falde om.

The Scotch half-breed called a halt and removed Dave from the team.

Den skotske halvblodsrace stoppede og fjernede Dave fra holdet.

He fastened Solleks in Dave's place, closest to the sled's front.

Han fastgjorde Solleks på Daves plads, tættest på slædens forende.

He meant to let Dave rest and run free behind the moving sled.

Han havde til hensigt at lade Dave hvile sig og løbe frit bag den bevægelige slæde.

But even sick, Dave hated being taken from the job he had owned.

Men selv da han var syg, hadede Dave at blive taget fra det job, han havde haft.

He growled and whimpered as the reins were pulled from his body.

Han knurrede og klynkede, da tøjlerne blev trukket fra hans krop.

When he saw Solleks in his place, he cried with broken-hearted pain.

Da han så Solleks på sin plads, græd han af knust hjerte.

The pride of trail work was deep in Dave, even as death approached.

Stoltheden over arbejdet på stierne sad dybt i Dave, selv da døden nærmede sig.

As the sled moved, Dave floundered through soft snow near the trail.

Mens slæden bevægede sig, famlede Dave gennem den bløde sne nær stien.

He attacked Solleks, biting and pushing him from the sled's side.

Han angreb Solleks, bed og skubbede ham fra slædens side.

Dave tried to leap into the harness and reclaim his working spot.

Dave forsøgte at hoppe i selen og generobre sin arbejdsplads.

He yelped, whined, and cried, torn between pain and pride in labor.

Han gøs, klynkede og græd, splittet mellem smerte og stolthed over arbejdet.

The half-breed used his whip to try driving Dave away from the team.

Halvblodshunden brugte sin pisk til at forsøge at drive Dave væk fra holdet.

But Dave ignored the lash, and the man couldn't strike him harder.

Men Dave ignorerede piskeslaget, og manden kunne ikke slå ham hårdere.

Dave refused the easier path behind the sled, where snow was packed.

Dave afviste den nemmere sti bag slæden, hvor sneen var pakket sammen.

Instead, he struggled in the deep snow beside the trail, in misery.

I stedet kæmpede han i den dybe sne ved siden af stien, i elendighed.

Eventually, Dave collapsed, lying in the snow and howling in pain.

Til sidst kollapsede Dave, liggende i sneen og hylede af smerte.

He cried out as the long train of sleds passed him one by one.

Han råbte højt, da det lange tog af slæder passerede ham en efter en.

Still, with what strength remained, he rose and stumbled after them.

Alligevel rejste han sig med den styrke, der var tilbage, og snublede efter dem.

He caught up when the train stopped again and found his old sled.

Han indhentede ham, da toget stoppede igen, og fandt sin gamle slæde.

He floundered past the other teams and stood beside Solleks again.

Han famlede forbi de andre hold og stod igen ved siden af Solleks.

As the driver paused to light his pipe, Dave took his last chance.

Da chaufføren holdt pause for at tænde sin pibe, tog Dave sin sidste chance.

When the driver returned and shouted, the team didn't move forward.

Da chaufføren vendte tilbage og råbte, bevægede holdet sig ikke fremad.

The dogs had turned their heads, confused by the sudden stoppage.

Hundene havde vendt hovedet, forvirrede over den pludselige standsning.

The driver was shocked too—the sled hadn't moved an inch forward.

Føreren var også chokeret – slæden var ikke rykket en tomme fremad.

He called out to the others to come and see what had happened.

Han råbte til de andre, at de skulle komme og se, hvad der var sket.

Dave had chewed through Solleks's reins, breaking both apart.

Dave havde tygget sig igennem Solleks' tøjler og brækket begge fra hinanden.

Now he stood in front of the sled, back in his rightful position.

Nu stod han foran slæden, tilbage på sin rette plads.

Dave looked up at the driver, silently pleading to stay in the traces.

Dave kiggede op på chaufføren og tryglede lydløst om at blive i sporene.

The driver was puzzled, unsure of what to do for the struggling dog.

Føreren var forvirret og usikker på, hvad han skulle gøre med den kæmpende hund.

The other men spoke of dogs who had died from being taken out.

De andre mænd talte om hunde, der var døde af at blive taget ud.

They told of old or injured dogs whose hearts broke when left behind.

De fortalte om gamle eller tilskadekomne hunde, hvis hjerter knuste, når de blev efterladt.

They agreed it was mercy to let Dave die while still in his harness.

De var enige om, at det var barmhjertighed at lade Dave dø, mens han stadig var i sin sele.

He was fastened back onto the sled, and Dave pulled with pride.

Han blev spændt tilbage på slæden, og Dave trak med stolthed.

Though he cried out at times, he worked as if pain could be ignored.

Selvom han græd til tider, arbejdede han, som om smerte kunne ignoreres.

More than once he fell and was dragged before rising again.

Mere end én gang faldt han og blev slæbt med, før han rejste sig igen.

Once, the sled rolled over him, and he limped from that moment on.

Engang rullede slæden over ham, og han haltede fra det øjeblik.

Still, he worked until camp was reached, and then lay by the fire.

Alligevel arbejdede han, indtil han nåede lejren, og lå derefter ved bålet.

By morning, Dave was too weak to travel or even stand upright.

Om morgenen var Dave for svag til at rejse eller endda stå oprejst.

At harness-up time, he tried to reach his driver with trembling effort.

Da det var tid til at spænde bilen fast, forsøgte han med rystende anstrengelse at nå sin chauffør.

He forced himself up, staggered, and collapsed onto the snowy ground.

Han tvang sig op, vaklede og kollapsede ned på den snedækkede jord.

Using his front legs, he dragged his body toward the harnessing area.

Ved hjælp af sine forben slæbte han sin krop hen mod seleområdet.

He hitched himself forward, inch by inch, toward the working dogs.

Han slæbte sig frem, tomme for tomme, mod arbejdshundene.

His strength gave out, but he kept moving in his last desperate push.

Hans kræfter slap op, men han fortsatte i sit sidste desperate skub.

His teammates saw him gasping in the snow, still longing to join them.

Hans holdkammerater så ham gispe i sneen, stadig længselsfuld efter at slutte sig til dem.

They heard him howling with sorrow as they left the camp behind.

De hørte ham hyle af sorg, da de forlod lejren.

As the team vanished into trees, Dave's cry echoed behind them.

Da holdet forsvandt ind i træerne, genlød Daves råb bag dem.

The sled train halted briefly after crossing a stretch of river timber.

Slædetoget stoppede kort efter at have krydset en strækning med flodtømmer.

The Scotch half-breed walked slowly back toward the camp behind.

Den skotske halvblodshund gik langsomt tilbage mod lejren bagved.

The men stopped speaking when they saw him leave the sled train.

Mændene holdt op med at tale, da de så ham forlade slædetoget.

Then a single gunshot rang out clear and sharp across the trail.

Så lød et enkelt skud klart og skarpt hen over stien.

The man returned quickly and took up his place without a word.

Manden vendte hurtigt tilbage og indtog sin plads uden et ord.

Whips cracked, bells jingled, and the sleds rolled on through snow.

Piske klang, klokker klang, og slæderne rullede videre gennem sneen.

But Buck knew what had happened—and so did every other dog.

Men Buck vidste, hvad der var sket – og det gjorde alle andre hunde også.

The Toil of Reins and Trail
Tøjlernes og sporets slid

Thirty days after leaving Dawson, the Salt Water Mail reached Skaguay.

Tredive dage efter at have forladt Dawson, nåede Salt Water Mail Skaguay.

Buck and his teammates pulled the lead, arriving in pitiful condition.

Buck og hans holdkammerater tog føringen og ankom i ynkelig forfatning.

Buck had dropped from one hundred forty to one hundred fifteen pounds.

Buck var tabt sig fra hundrede og fyrre til hundrede og femten pund.

The other dogs, though smaller, had lost even more body weight.

De andre hunde, selvom de var mindre, havde tabt endnu mere kropsvægt.

Pike, once a fake limper, now dragged a truly injured leg behind him.

Pike, engang en falsk limper, slæbte nu et virkelig skadet ben bag sig.

Solleks was limping badly, and Dub had a wrenched shoulder blade.

Solleks haltede voldsomt, og Dub havde et forvredet skulderblad.

Every dog in the team was footsore from weeks on the frozen trail.

Alle hundene i holdet havde ondt i benene efter at have været på den frosne sti i flere uger.

They had no spring left in their steps, only slow, dragging motion.

De havde ingen fjeder tilbage i deres skridt, kun langsom, slæbende bevægelse.

Their feet hit the trail hard, each step adding more strain to their bodies.

Deres fødder rammer stien hårdt, og hvert skridt belaster
deres kroppe mere.

**They were not sick, only drained beyond all natural
recovery.**

De var ikke syge, kun udmattede til uforudsigelig naturlig
helbredelse.

**This was not tiredness from one hard day, cured with a
night's rest.**

Dette var ikke træthed fra én hård dag, kureret med en nats
søvn.

**It was exhaustion built slowly through months of grueling
effort.**

Det var en udmattelse, der langsomt var opbygget gennem
måneders opslidende indsats.

**No reserve strength remained—they had used up every bit
they had.**

Der var ingen reservestyrke tilbage – de havde brugt alt, hvad
de havde.

**Every muscle, fiber, and cell in their bodies was spent and
worn.**

Hver en muskel, fiber og celle i deres kroppe var udmattet og
slidt op.

**And there was a reason—they had covered twenty-five
hundred miles.**

Og der var en grund – de havde tilbagelagt 2500 mil.

**They had rested only five days during the last eighteen
hundred miles.**

De havde kun hvilet fem dage i løbet af de sidste atten
hundrede mil.

**When they reached Skaguay, they looked barely able to
stand upright.**

Da de nåede Skaguay, så de knap nok ud til at kunne stå
oprejst.

**They struggled to keep the reins tight and stay ahead of the
sled.**

De kæmpede med at holde tøjlerne stramme og holde sig
foran slæden.

On downhill slopes, they only managed to avoid being run over.

På nedkørsler undgik de kun at blive kørt over.

"March on, poor sore feet," the driver said as they limped along.

"Marchér videre, stakkels ømme fødder," sagde chaufføren, mens de haltede afsted.

"This is the last stretch, then we all get one long rest, for sure."

"Dette er den sidste strækning, så får vi alle helt sikkert en lang pause."

"One truly long rest," he promised, watching them stagger forward.

"Én rigtig lang hvil," lovede han, mens han så dem vakle fremad.

The drivers expected they were going to now get a long, needed break.

Chaufførerne forventede, at de nu ville få en lang, tiltrængt pause.

They had traveled twelve hundred miles with only two days' rest.

De havde rejst tolv hundrede mil med kun to dages hvile.

By fairness and reason, they felt they had earned time to relax.

Af rimelighed og fornuft følte de, at de havde fortjent tid til at slappe af.

But too many had come to the Klondike, and too few had stayed home.

Men for mange var kommet til Klondike, og for få var blevet hjemme.

Letters from families flooded in, creating piles of delayed mail.

Breve fra familier strømmede ind og skabte bunker af forsinket post.

Official orders arrived—new Hudson Bay dogs were going to take over.

De officielle ordrer ankom – nye hunde fra Hudson Bay skulle overtage.

The exhausted dogs, now called worthless, were to be disposed of.

De udmattede hunde, nu kaldt værdiløse, skulle bortskaffes.

Since money mattered more than dogs, they were going to be sold cheaply.

Da penge betød mere end hunde, skulle de sælges billigt.

Three more days passed before the dogs felt just how weak they were.

Der gik yderligere tre dage, før hundene mærkede, hvor svage de var.

On the fourth morning, two men from the States bought the whole team.

På den fjerde morgen købte to mænd fra staterne hele holdet.

The sale included all the dogs, plus their worn harness gear.

Salget omfattede alle hundene plus deres slidte seletøj.

The men called each other "Hal" and "Charles" as they completed the deal.

Mændene kaldte hinanden "Hal" og "Charles", mens de fuldførte handlen.

Charles was middle-aged, pale, with limp lips and fierce mustache tips.

Charles var midaldrende, bleg, med slappe læber og vilde overskægsspidser.

Hal was a young man, maybe nineteen, wearing a cartridge-stuffed belt.

Hal var en ung mand, måske nitten, iført et bælte fyldt med patroner.

The belt held a big revolver and a hunting knife, both unused.

Bæltet indeholdt en stor revolver og en jagtkniv, begge ubrugte.

It showed how inexperienced and unfit he was for northern life.

Det viste, hvor uerfaren og uegnet han var til livet i nord.

Neither man belonged in the wild; their presence defied all reason.

Ingen af mændene hørte hjemme i naturen; deres tilstedeværelse trodsede al fornuft.

Buck watched as money exchanged hands between buyer and agent.

Buck så til, mens penge udveksledes mellem køber og agent.

He knew the mail-train drivers were leaving his life like the rest.

Han vidste, at postlokomotivførerne forlod hans liv ligesom alle de andre.

They followed Perrault and François, now gone beyond recall.

De fulgte Perrault og François, som nu var uigenkaldeligt gamle.

Buck and the team were led to their new owners' sloppy camp.

Buck og holdet blev ført til deres nye ejeres sjuskede lejr.

The tent sagged, dishes were dirty, and everything lay in disarray.

Teltet hang, servicet var beskidt, og alt lå i uorden.

Buck noticed a woman there too—Mercedes, Charles's wife and Hal's sister.

Buck bemærkede også en kvinde der – Mercedes, Charles' kone og Hals søster.

They made a complete family, though far from suited to the trail.

De udgjorde en komplet familie, dog langt fra egnet til ruten.

Buck watched nervously as the trio started packing the supplies.

Buck så nervøst til, mens trioen begyndte at pakke forsyningerne.

They worked hard but without order—just fuss and wasted effort.

De arbejdede hårdt, men uden orden – bare ståhej og spildt indsats.

The tent was rolled into a bulky shape, far too large for the sled.

Teltet var rullet sammen til en klodset form, alt for stor til slæden.

Dirty dishes were packed without being cleaned or dried at all.

Beskidt service blev pakket uden at være blevet rengjort eller tørret overhovedet.

Mercedes fluttered about, constantly talking, correcting, and meddling.

Mercedes flagrede rundt, snakkede, rettede og blandede sig konstant.

When a sack was placed on front, she insisted it go on the back.

Da en sæk blev placeret på forsiden, insisterede hun på, at den skulle på bagsiden.

She packed the sack in the bottom, and the next moment she needed it.

Hun pakkede sækken i bunden, og i næste øjeblik havde hun brug for den.

So the sled was unpacked again to reach the one specific bag.

Så blev slæden pakket ud igen for at nå den ene specifikke taske.

Nearby, three men stood outside a tent, watching the scene unfold.

I nærheden stod tre mænd uden for et telt og så på, hvad der skete.

They smiled, winked, and grinned at the newcomers' obvious confusion.

De smilede, blinkede og grinede ad de nyankomnes åbenlyse forvirring.

"You've got a right heavy load already," said one of the men.

"Du har allerede en rigtig tung last," sagde en af mændene.

"I don't think you should carry that tent, but it's your choice."

"Jeg synes ikke, du skal bære det telt, men det er dit valg."

"Undreamed of!" cried Mercedes, throwing up her hands in despair.

"Udrømt!" udbrød Mercedes og slog hænderne i vejret i fortvivlelse.

"How could I possibly travel without a tent to stay under?"

"Hvordan skulle jeg dog kunne rejse uden et telt at overnatte i?"

"It's springtime—you won't see cold weather again," the man replied.

"Det er forår – du får ikke koldt vejr at se igen," svarede manden.

But she shook her head, and they kept piling items onto the sled.

Men hun rystede på hovedet, og de blev ved med at stable genstande på slæden.

The load towered dangerously high as they added the final things.

Byrden tårnede sig faretruende højt, da de tilføjede de sidste ting.

"Think the sled will ride?" asked one of the men with a skeptical look.

"Tror du, at slæden kan køre?" spurgte en af mændene med et skeptisk blik.

"Why shouldn't it?" Charles snapped back with sharp annoyance.

„Hvorfor skulle det ikke?" svarede Charles skarpt irriteret.

"Oh, that's all right," the man said quickly, backing away from offense.

"Åh, det er i orden," sagde manden hurtigt og bakkede væk fra fornærmelsen.

"I was only wondering—it just looked a bit too top-heavy to me."

"Jeg var bare nysgerrig – den så bare lidt for tung ud for mig."

Charles turned away and tied down the load as best as he could.

Charles vendte sig væk og bandt byrden fast så godt han kunne.

But the lashings were loose and the packing poorly done overall.

Men surringerne var løse, og pakningen generelt dårligt udført.

"Sure, the dogs will pull that all day," another man said sarcastically.

"Jo, hundene vil trække i den hele dagen," sagde en anden mand sarkastisk.

"Of course," Hal replied coldly, grabbing the sled's long gee-pole.

"Selvfølgelig," svarede Hal koldt og greb fat i slædens lange gee-stang.

With one hand on the pole, he swung the whip in the other.

Med den ene hånd på stangen svingede han pisken i den anden.

"Let's go!" he shouted. "Move it!" urging the dogs to start.

"Lad os gå!" råbte han. "Flyt dig!" og opfordrede hundene til at komme i gang.

The dogs leaned into the harness and strained for a few moments.

Hundene lænede sig ind i selen og anstrengte sig i et par øjeblikke.

Then they stopped, unable to budge the overloaded sled an inch.

Så stoppede de, ude af stand til at rokke den overlæssede slæde en centimeter.

"The lazy brutes!" Hal yelled, lifting the whip to strike them.

"De dovne bøller!" råbte Hal og løftede pisken for at slå dem.

But Mercedes rushed in and seized the whip from Hal's hands.

Men Mercedes skyndte sig ind og greb pisken fra Hals hænder.

"Oh, Hal, don't you dare hurt them," she cried in alarm.

"Åh, Hal, du må ikke vove at gøre dem fortræd," råbte hun forskrækket.

"Promise me you'll be kind to them, or I won't go another step."

"Lov mig, at du vil være god ved dem, ellers går jeg ikke et skridt videre."

"You don't know a thing about dogs," Hal snapped at his sister.

"Du ved ingenting om hunde," snerrede Hal ad sin søster.

"They're lazy, and the only way to move them is to whip them."

"De er dovne, og den eneste måde at flytte dem på er at piske dem."

"Ask anyone—ask one of those men over there if you doubt me."

"Spørg hvem som helst – spørg en af de mænd derovre, hvis du tvivler på mig."

Mercedes looked at the onlookers with pleading, tearful eyes.

Mercedes så på tilskuerne med bedende, tårevædede øjne.

Her face showed how deeply she hated the sight of any pain.

Hendes ansigt viste, hvor dybt hun hadede synet af enhver form for smerte.

"They're weak, that's all," one man said. "They're worn out."

"De er svage, det er det hele," sagde en mand. "De er udmattede."

"They need rest—they've been worked too long without a break."

"De har brug for hvile – de har arbejdet for længe uden pause."

"Rest be cursed," Hal muttered with his lip curled.

"Forbandet være resten," mumlede Hal med sammenkrøllet læbe.

Mercedes gasped, clearly pained by the coarse word from him.

Mercedes gispede, tydeligt forpint af hans grove ord.

Still, she stayed loyal and instantly defended her brother.

Alligevel forblev hun loyal og forsvarede straks sin bror.

"Don't mind that man," she said to Hal. "They're our dogs."

"Du skal ikke bekymre dig om den mand," sagde hun til Hal.
"De er vores hunde."

"You drive them as you see fit — do what you think is right."

"Du kører dem, som du finder passende – gør, hvad du synes
er rigtigt."

**Hal raised the whip and struck the dogs again without
mercy.**

Hal løftede pisken og slog hundene igen uden nåde.

**They lunged forward, bodies low, feet pushing into the
snow.**

De sprang fremad, med kroppe sænket ned, fødderne presset
ned i sneen.

**All their strength went into the pull, but the sled wasn't
moving.**

Al deres kraft gik i træk, men slæden bevægede sig ikke.

**The sled stayed stuck, like an anchor frozen into the packed
snow.**

Slæden sad fast, som et anker frosset fast i den pakket sne.

After a second effort, the dogs stopped again, panting hard.

Efter en anden indsats stoppede hundene igen, gispende.

**Hal raised the whip once more, just as Mercedes interfered
again.**

Hal løftede pisken endnu engang, lige da Mercedes blandede
sig igen.

**She dropped to her knees in front of Buck and hugged his
neck.**

Hun faldt på knæ foran Buck og omfavnede hans hals.

Tears filled her eyes as she pleaded with the exhausted dog.

Tårer fyldte hendes øjne, mens hun tryglede den udmattede
hund.

**"You poor dears," she said, "why don't you just pull
harder?"**

"I stakkels kære," sagde hun, "hvorfor trækker I ikke bare
hårdere?"

"If you pull, then you won't get to be whipped like this."

"Hvis du trækker, så bliver du ikke pisket sådan her."

Buck disliked Mercedes, but he was too tired to resist her now.

Buck kunne ikke lide Mercedes, men han var for træt til at modsætte sig hende nu.

He accepted her tears as just another part of the miserable day.

Han accepterede hendes tårer som blot endnu en del af den elendige dag.

One of the watching men finally spoke after holding back his anger.

En af de tilskuende mænd talte endelig efter at have holdt sin vrede tilbage.

"I don't care what happens to you folks, but those dogs matter."

"Jeg er ligeglad med, hvad der sker med jer, men de hunde betyder noget."

"If you want to help, break that sled loose—it's frozen to the snow."

"Hvis du vil hjælpe, så bræk den slæde løs – den er frosset fast i sneen."

"Push hard on the gee-pole, right and left, and break the ice seal."

"Tryk hårdt på isstangen, til højre og venstre, og bryd isforseglingen."

A third attempt was made, this time following the man's suggestion.

Et tredje forsøg blev gjort, denne gang efter mandens forslag.

Hal rocked the sled from side to side, breaking the runners loose.

Hal rokkede slæden fra side til side, så mederne fik løs.

The sled, though overloaded and awkward, finally lurched forward.

Slæden, selvom den var overlæsset og klodset, bevægede sig endelig fremad.

Buck and the others pulled wildly, driven by a storm of whiplashes.

Buck og de andre trak vildt tilbage, drevet af en storm af piskesmæld.

A hundred yards ahead, the trail curved and sloped into the street.

Hundrede meter fremme snoede stien sig og skrånede ned i gaden.

It was going to have taken a skilled driver to keep the sled upright.

Det ville have krævet en dygtig kusk at holde slæden oprejst.

Hal was not skilled, and the sled tipped as it swung around the bend.

Hal var ikke dygtig, og slæden vippede, da den svingede rundt om svinget.

Loose lashings gave way, and half the load spilled onto the snow.

Løse surringer gav efter, og halvdelen af lasten spildtes ud på sneen.

The dogs did not stop; the lighter sled flew along on its side.

Hundene stoppede ikke; den lettere slæde fløj afsted på siden.

Angry from abuse and the heavy burden, the dogs ran faster.

Vrede over mishandling og den tunge byrde løb hundene hurtigere.

Buck, in fury, broke into a run, with the team following behind.

Buck, i raseri, begyndte at løb, med holdet i hælene.

Hal shouted "Whoa! Whoa!" but the team paid no attention to him.

Hal råbte "Whoa! Whoa!" men holdet lagde ikke mærke til ham.

He tripped, fell, and was dragged along the ground by the harness.

Han snublede, faldt og blev slæbt hen over jorden af selen.

The overturned sled bumped over him as the dogs raced on ahead.

Den væltede slæde stødte ind over ham, mens hundene løb videre.

The rest of the supplies scattered across Skaguay's busy street.

Resten af forsyningerne spredte sig over Skaguays travle gade.

Kind-hearted people rushed to stop the dogs and gather the gear.

Venlige mennesker skyndte sig at stoppe hundene og samle udstyret.

They also gave advice, blunt and practical, to the new travelers.

De gav også råd, direkte og praktiske, til de nye rejsende.

"If you want to reach Dawson, take half the load and double the dogs."

"Hvis du vil nå Dawson, så tag halvdelen af læsset og fordobl antallet af hunde."

Hal, Charles, and Mercedes listened, though not with enthusiasm.

Hal, Charles og Mercedes lyttede, dog ikke med entusiasme.

They pitched their tent and started sorting through their supplies.

De slog deres telt op og begyndte at sortere deres forsyninger.

Out came canned goods, which made onlookers laugh aloud.

Ud kom dåsevarer, hvilket fik tilskuerne til at grine højt.

"Canned stuff on the trail? You'll starve before that melts," one said.

"Dåsesager på stien? Du kommer til at sulte, før det smelter," sagde en af dem.

"Hotel blankets? You're better off throwing them all out."

"Hoteltæpper? Du er bedre tjent med at smide dem alle ud."

"Ditch the tent, too, and no one washes dishes here."

"Smid også teltet væk, og så vasker ingen op her."

"You think you're riding a Pullman train with servants on board?"

"Tror du, du kører med et Pullman-tog med tjenere om bord?"

The process began—every useless item was tossed to the side.

Processen begyndte – alle ubrugelige genstande blev smidt til side.

Mercedes cried when her bags were emptied onto the snowy ground.

Mercedes græd, da hendes tasker blev tømt ud på den snedækkede jord.

She sobbed over every item thrown out, one by one without pause.

Hun hulkede over hver eneste genstand, der blev smidt ud, en efter en, uden pause.

She vowed not to go one more step—not even for ten Charleses.

Hun svor ikke at gå et skridt mere – ikke engang for ti Karle.

She begged each person nearby to let her keep her precious things.

Hun tryglede alle i nærheden om at lade hende beholde sine dyrebare ting.

At last, she wiped her eyes and began tossing even vital clothes.

Endelig tørrede hun øjnene og begyndte at kaste selv det vigtigste tøj.

When done with her own, she began emptying the men's supplies.

Da hun var færdig med sine egne, begyndte hun at tømme mændenes forsyninger.

Like a whirlwind, she tore through Charles and Hal's belongings.

Som en hvirvelvind rev hun sig igennem Charles og Hals ejendele.

Though the load was halved, it was still far heavier than needed.

Selvom belastningen blev halveret, var den stadig langt tungere end nødvendigt.

That night, Charles and Hal went out and bought six new dogs.

Den aften gik Charles og Hal ud og købte seks nye hunde.

These new dogs joined the original six, plus Teek and Koona.

Disse nye hunde sluttede sig til de oprindelige seks, plus Teek og Koona.

Together they made a team of fourteen dogs hitched to the sled.

Sammen udgjorde de et spand på fjorten hunde spændt for slæden.

But the new dogs were unfit and poorly trained for sled work.

Men de nye hunde var uegnede og dårligt trænede til slædearbejde.

Three of the dogs were short-haired pointers, and one was a Newfoundland.

Tre af hundene var korthårede pointere, og en var en newfoundlænder.

The final two dogs were mutts of no clear breed or purpose at all.

De to sidste hunde var mutts uden nogen klar race eller formål overhovedet.

They didn't understand the trail, and they didn't learn it quickly.

De forstod ikke ruten, og de lærte den ikke hurtigt.

Buck and his mates watched them with scorn and deep irritation.

Buck og hans venner så på dem med hån og dyb irritation.

Though Buck taught them what not to do, he could not teach duty.

Selvom Buck lærte dem, hvad de ikke skulle gøre, kunne han ikke lære dem pligt.

They didn't take well to trail life or the pull of reins and sleds.

De trivedes ikke med livet på vandrestier eller trækket i tøjler og slæder.

Only the mongrels tried to adapt, and even they lacked fighting spirit.

Kun blandingsdyrene forsøgte at tilpasse sig, og selv de manglede kampgejst.

The other dogs were confused, weakened, and broken by their new life.

De andre hunde var forvirrede, svækkede og knuste af deres nye liv.

With the new dogs clueless and the old ones exhausted, hope was thin.

Med de nye hunde uvidende og de gamle udmattede, var håbet tyndt.

Buck's team had covered twenty-five hundred miles of harsh trail.

Bucks hold havde tilbagelagt 2500 kilometer ujævn sti.

Still, the two men were cheerful and proud of their large dog team.

Alligevel var de to mænd muntre og stolte af deres store hundespand.

They thought they were traveling in style, with fourteen dogs hitched.

De troede, de rejste med stil, med fjorten hunde spændt.

They had seen sleds leave for Dawson, and others arrive from it.

De havde set slæder afgå til Dawson, og andre ankomme derfra.

But never had they seen one pulled by as many as fourteen dogs.

Men aldrig havde de set en trukket af så mange som fjorten hunde.

There was a reason such teams were rare in the Arctic wilderness.

Der var en grund til, at sådanne hold var sjældne i den arktiske vildmark.

No sled could carry enough food to feed fourteen dogs for the trip.

Ingen slæde kunne bære nok mad til at brødføde fjorten hunde på turen.

But Charles and Hal didn't know that—they had done the math.

Men det vidste Charles og Hal ikke – de havde regnet det ud.

They penciled out the food: so much per dog, so many days, done.

De skrev maden ned med blyant: så meget pr. hund, så mange dage, færdig.

Mercedes looked at their figures and nodded as if it made sense.

Mercedes kiggede på deres tal og nikkede, som om det gav mening.

It all seemed very simple to her, at least on paper.

Det virkede alt sammen meget simpelt for hende, i hvert fald på papiret.

The next morning, Buck led the team slowly up the snowy street.

Næste morgen førte Buck langsomt holdet op ad den snedækkede gade.

There was no energy or spirit in him or the dogs behind him.

Der var ingen energi eller gejst i ham eller hundene bag ham.

They were dead tired from the start—there was no reserve left.

De var dødtrætte fra starten – der var ingen reserve tilbage.

Buck had made four trips between Salt Water and Dawson already.

Buck havde allerede foretaget fire ture mellem Salt Water og Dawson.

Now, faced with the same trail again, he felt nothing but bitterness.

Nu, konfronteret med det samme spor igen, følte han intet andet end bitterhed.

His heart was not in it, nor were the hearts of the other dogs.

Hans hjerte var ikke med i det, og det var de andre hundes hjerter heller ikke.

The new dogs were timid, and the huskies lacked all trust.

De nye hunde var sky, og huskyerne manglede al tillid.

Buck sensed he could not rely on these two men or their sister.

Buck fornemmede, at han ikke kunne stole på disse to mænd eller deres søster.

They knew nothing and showed no signs of learning on the trail.

De vidste ingenting og viste ingen tegn på at lære undervejs.

They were disorganized and lacked any sense of discipline.

De var uorganiserede og manglede enhver form for disciplin.

It took them half the night to set up a sloppy camp each time.

Det tog dem en halv nat at slå en sjusket lejr op hver gang.

And half the next morning they spent fumbling with the sled again.

Og halvdelen af den næste morgen tilbragte de med at fumle med slæden igen.

By noon, they often stopped just to fix the uneven load.

Ved middagstid stoppede de ofte bare for at ordne den ujævne last.

On some days, they traveled less than ten miles in total.

På nogle dage rejste de mindre end ti kilometer i alt.

Other days, they didn't manage to leave camp at all.

Andre dage lykkedes det dem slet ikke at forlade lejren.

They never came close to covering the planned food-distance.

De kom aldrig i nærheden af at tilbagelægge den planlagte afstand mellem fødevarer.

As expected, they ran short on food for the dogs very quickly.

Som forventet løb de meget hurtigt tør for mad til hundene.

They made matters worse by overfeeding in the early days.

De forværrede tingene ved at overfodre i de tidlige dage.

This brought starvation closer with every careless ration.

Dette bragte sulten nærmere med hver skødesløs rationering.

The new dogs had not learned to survive on very little.

De nye hunde havde ikke lært at overleve på meget lidt.

They ate hungrily, with appetites too large for the trail.

De spiste sultne, med en appetit der var for stor til ruten.

Seeing the dogs weaken, Hal believed the food wasn't enough.

Da Hal så hundene blive svagere, mente han, at maden ikke var nok.

He doubled the rations, making the mistake even worse.

Han fordoblede rationerne, hvilket gjorde fejlen endnu værre.

Mercedes added to the problem with tears and soft pleading.

Mercedes forværrede problemet med tårer og sagte bønfaldelser.

When she couldn't convince Hal, she fed the dogs in secret.

Da hun ikke kunne overbevise Hal, fodrede hun hundene i hemmelighed.

She stole from the fish sacks and gave it to them behind his back.

Hun stjal fra fiskesækkene og gav det til dem bag hans ryg.

But what the dogs truly needed wasn't more food—it was rest.

Men det hundene virkelig havde brug for, var ikke mere mad – det var hvile.

They were making poor time, but the heavy sled still dragged on.

De havde dårlig tid, men den tunge slæde slæbte stadig ud.

That weight alone drained their remaining strength each day.

Alene den vægt drænede deres resterende styrke hver dag.

Then came the stage of underfeeding as the supplies ran low.

Så kom stadiet med underfodring, da forsyningerne slap op.

Hal realized one morning that half the dog food was already gone.

En morgen indså Hal, at halvdelen af hundefoderet allerede var væk.

They had only traveled a quarter of the total trail distance.

De havde kun tilbagelagt en fjerdedel af den samlede distance på ruten.

No more food could be bought, no matter what price was offered.

Der kunne ikke købes mere mad, uanset hvilken pris der blev tilbudt.

He reduced the dogs' portions below the standard daily ration.

Han reducerede hundenes portioner til under den daglige standardration.

At the same time, he demanded longer travel to make up for loss.

Samtidig krævede han længere rejsetid for at kompensere for tabet.

Mercedes and Charles supported this plan, but failed in execution.

Mercedes og Charles støttede denne plan, men den mislykkedes i udførelsen.

Their heavy sled and lack of skill made progress nearly impossible.

Deres tunge slæde og mangel på færdigheder gjorde fremskridt næsten umuligt.

It was easy to give less food, but impossible to force more effort.

Det var nemt at give mindre mad, men umuligt at tvinge frem mere.

They couldn't start early, nor could they travel for extra hours.

De kunne ikke starte tidligt, og de kunne heller ikke rejse i ekstra timer.

They didn't know how to work the dogs, nor themselves, for that matter.

De vidste ikke, hvordan man skulle arbejde med hundene, og heller ikke sig selv for den sags skyld.

The first dog to die was Dub, the unlucky but hardworking thief.

Den første hund, der døde, var Dub, den uheldige, men hårdtarbejdende tyv.

Though often punished, Dub had pulled his weight without complaint.

Selvom Dub ofte blev straffet, havde han klaret sin del uden at klage.

His injured shoulder grew worse without care or needed rest.

Hans skadede skulder blev værre uden pleje eller behov for hvile.

Finally, Hal used the revolver to end Dub's suffering.

Endelig brugte Hal revolveren til at afslutte Dubs lidelse.

A common saying claimed that normal dogs die on husky rations.

Et almindeligt ordsprog hævdede, at normale hunde dør af husky-rationer.

Buck's six new companions had only half the husky's share of food.

Bucks seks nye ledsagere fik kun halvdelen af huskyens andel af mad.

The Newfoundland died first, then the three short-haired pointers.

Newfoundlænderen døde først, derefter de tre korthårede pointerhunde.

The two mongrels held on longer but finally perished like the rest.

De to blandingsdyr holdt ud længere, men omkom til sidst ligesom de andre.

By this time, all the amenities and gentleness of the Southland were gone.

På dette tidspunkt var alle Sydlandets bekvemmeligheder og blidhed væk.

The three people had shed the last traces of their civilized upbringing.

De tre mennesker havde lagt de sidste spor af deres civiliserede opvækst fra sig.

Stripped of glamour and romance, Arctic travel became brutally real.

Strippet for glamour og romantik blev arktiske rejser brutalt virkelige.

It was a reality too harsh for their sense of manhood and womanhood.

Det var en virkelighed, der var for hård for deres sans for mandighed og kvindelighed.

Mercedes no longer wept for the dogs, but now wept only for herself.

Mercedes græd ikke længere over hundene, men nu kun over sig selv.

She spent her time crying and quarreling with Hal and Charles.

Hun brugte sin tid på at græde og skændes med Hal og Charles.

Quarreling was the one thing they were never too tired to do.

At skændes var det eneste, de aldrig var for trætte til at gøre.

Their irritability came from misery, grew with it, and surpassed it.

Deres irritabilitet kom fra elendighed, voksede med den og overgik den.

The patience of the trail, known to those who toil and suffer kindly, never came.

Stiens tålmodighed, kendt af dem, der slider og lider venligt, kom aldrig.

That patience, which keeps speech sweet through pain, was unknown to them.

Den tålmodighed, som holder talen sød gennem smerte, var ukendt for dem.

They had no hint of patience, no strength drawn from suffering with grace.

De havde ingen antydning af tålmodighed, ingen styrke hentet fra lidelse med nåde.

They were stiff with pain—aching in their muscles, bones, and hearts.

De var stive af smerter – de havde smerter i muskler, knogler og hjerter.

Because of this, they grew sharp of tongue and quick with harsh words.

På grund af dette blev de skarpe i tungen og hurtige til hårde ord.

Each day began and ended with angry voices and bitter complaints.

Hver dag begyndte og sluttede med vrede stemmer og bitre klager.

Charles and Hal wrangled whenever Mercedes gave them a chance.

Charles og Hal skændtes, hver gang Mercedes gav dem en chance.

Each man believed he did more than his fair share of the work.

Hver mand mente, at han udførte mere end sin rimelige andel af arbejdet.

Neither ever missed a chance to say so, again and again.

Ingen af dem gik nogensinde glip af en chance for at sige det igen og igen.

Sometimes Mercedes sided with Charles, sometimes with Hal.

Nogle gange tog Mercedes parti for Charles, andre gange for Hal.

This led to a grand and endless quarrel among the three.

Dette førte til et stort og endeløst skænderi mellem de tre.

A dispute over who should chop firewood grew out of control.

En strid om, hvem der skulle hugge brænde, voksede ud af kontrol.

Soon, fathers, mothers, cousins, and dead relatives were named.

Snart blev fædre, mødre, fætre og kusiner og afdøde slægtninge navngivet.

Hal's views on art or his uncle's plays became part of the fight.

Hals synspunkter på kunst eller hans onkels skuespil blev en del af kampen.

Charles's political beliefs also entered the debate.

Charles' politiske overbevisninger kom også ind i debatten.

To Mercedes, even her husband's sister's gossip seemed relevant.

For Mercedes virkede selv hendes mands søsters sladder relevant.

She aired opinions on that and on many of Charles's family's flaws.

Hun luftede meninger om det og om mange af Charles' families fejl.

While they argued, the fire stayed unlit and camp half set.

Mens de skændtes, forblev bålet slukket, og lejren var halvt optændt.

Meanwhile, the dogs remained cold and without any food.

I mellemtiden forblev hundene kolde og uden mad.

Mercedes held a grievance she considered deeply personal.

Mercedes havde en klage, hun anså for at være dybt personlig.

She felt mistreated as a woman, denied her gentle privileges.

Hun følte sig mishandlet som kvinde, nægtet sine blide privilegier.

She was pretty and soft, and used to chivalry all her life.

Hun var smuk og blød, og hun var vant til ridderlighed hele sit liv.

But her husband and brother now treated her with impatience.

Men hendes mand og bror behandlede hende nu med utålmodighed.

Her habit was to act helpless, and they began to complain.

Hendes vane var at opføre sig hjælpeløst, og de begyndte at klage.

Offended by this, she made their lives all the more difficult.

Fornærmet over dette gjorde hun deres liv endnu vanskeligere.

She ignored the dogs and insisted on riding the sled herself.

Hun ignorerede hundene og insisterede på at køre på slæden selv.

Though light in looks, she weighed one hundred twenty pounds.

Selvom hun var let af udseende, vejede hun 45 kg.

That added burden was too much for the starving, weak dogs.

Den ekstra byrde var for meget for de sultende, svage hunde.

Still, she rode for days, until the dogs collapsed in the reins.

Alligevel red hun i dagevis, indtil hundene kollapsede i tøjlerne.

The sled stood still, and Charles and Hal begged her to walk.

Slæden stod stille, og Charles og Hal tryglede hende om at gå.

They pleaded and entreated, but she wept and called them cruel.

De tryglede og tryglede, men hun græd og kaldte dem grusomme.

On one occasion, they pulled her off the sled with sheer force and anger.

Ved en lejlighed trak de hende af slæden med ren kraft og vrede.

They never tried again after what happened that time.

De prøvede aldrig igen efter det, der skete dengang.

She went limp like a spoiled child and sat in the snow.

Hun haltede som et forkælet barn og satte sig i sneen.

They moved on, but she refused to rise or follow behind.

De gik videre, men hun nægtede at rejse sig eller følge efter.

After three miles, they stopped, returned, and carried her back.

Efter tre kilometer stoppede de, vendte tilbage og bar hende tilbage.

They reloaded her onto the sled, again using brute strength.

De lastede hende igen på slæden, igen med rå styrke.

In their deep misery, they were callous to the dogs' suffering.

I deres dybe elendighed var de ufølsomme over for hundenes lidelse.

Hal believed one must get hardened and forced that belief on others.

Hal mente, at man skal forhærdes, og påtvang andre den overbevisning.

He first tried to preach his philosophy to his sister

Han forsøgte først at prædike sin filosofi til sin søster

and then, without success, he preached to his brother-in-law.

og så prædikede han uden held for sin svoger.

He had more success with the dogs, but only because he hurt them.

Han havde mere succes med hundene, men kun fordi han gjorde dem fortræd.

At Five Fingers, the dog food ran out of food completely.

Hos Five Fingers løb hundefoderet helt tør for mad.

A toothless old squaw sold a few pounds of frozen horse-hide

En tandløs gammel squat solgte et par pund frossen hesteskind

Hal traded his revolver for the dried horse-hide.

Hal byttede sin revolver for det tørrede hesteskind.

The meat had come from starved horses of cattlemen months before.

Kødet var kommet fra udsultede heste eller kvægavlere måneder tidligere.

Frozen, the hide was like galvanized iron; tough and inedible.

Frossen var huden som galvaniseret jern; sej og uspiselig.

The dogs had to chew endlessly at the hide to eat it.

Hundene måtte tygge uendeligt på skindet for at spise det.

But the leathery strings and short hair were hardly nourishment.

Men de læderagtige strenge og det korte hår var næppe næring.

Most of the hide was irritating, and not food in any true sense.

Det meste af huden var irriterende, og ikke mad i nogen egentlig forstand.

And through it all, Buck staggered at the front, like in a nightmare.

Og gennem det hele vaklede Buck forrest, som i et mareridt.

He pulled when able; when not, he lay until whip or club raised him.

Han trak, når han kunne; når han ikke kunne, lå han, indtil pisk eller kølle løftede ham.

His fine, glossy coat had lost all stiffness and sheen it once had.

Hans fine, skinnende pels havde mistet al den stivhed og glans, den engang havde.

His hair hung limp, draggled, and clotted with dried blood from the blows.

Hans hår hang slapt, slæbt og klumpet af indtørret blod fra slagene.

His muscles shrank to cords, and his flesh pads were all worn away.

Hans muskler skrumpede ind til strenge, og hans kødpuder var alle slidt væk.

Each rib, each bone showed clearly through folds of wrinkled skin.

Hvert ribben, hver knogle viste sig tydeligt gennem folder af rynket hud.

It was heartbreaking, yet Buck's heart could not break.

Det var hjerteskærende, men Bucks hjerte kunne ikke knuses.

The man in the red sweater had tested that and proved it long ago.

Manden i den røde sweater havde testet det og bevist det for længe siden.

As it was with Buck, so it was with all his remaining teammates.

Som det var med Buck, sådan var det også med alle hans resterende holdkammerater.

There were seven in total, each one a walking skeleton of misery.

Der var syv i alt, hver af dem et vandrende skelet af elendighed.

They had grown numb to lash, feeling only distant pain.

De var blevet følelsesløse til at piske og følte kun fjern smerte.

Even sight and sound reached them faintly, as through a thick fog.

Selv syn og lyd nåede dem svagt, som gennem en tæt tåge.

They were not half alive—they were bones with dim sparks inside.

De var ikke halvt levende – de var knogler med svage gnister indeni.

When stopped, they collapsed like corpses, their sparks almost gone.

Da de stoppede, kollapsede de som lig, deres gnister næsten ude.

And when the whip or club struck again, the sparks fluttered weakly.

Og når pisken eller køllen slog igen, blafrede gnisterne svagt.

Then they rose, staggered forward, and dragged their limbs ahead.

Så rejste de sig, vaklede fremad og slæbte deres lemmer frem.

One day kind Billee fell and could no longer rise at all.

En dag faldt den venlige Billee og kunne slet ikke rejse sig længere.

Hal had traded his revolver, so he used an axe to kill Billee instead.

Hal havde byttet sin revolver, så han brugte en økse til at dræbe Billee i stedet.

He struck him on the head, then cut his body free and dragged it away.

Han slog ham i hovedet, skar derefter hans krop fri og slæbte den væk.

Buck saw this, and so did the others; they knew death was near.

Buck så dette, og det gjorde de andre også; de vidste, at døden var nær.

Next day Koona went, leaving just five dogs in the starving team.

Næste dag tog Koona afsted og efterlod kun fem hunde i det sultende hold.

Joe, no longer mean, was too far gone to be aware of much at all.

Joe, der ikke længere var ond, var for langt væk til overhovedet at være opmærksom på ret meget.

Pike, no longer faking his injury, was barely conscious.

Pike, der ikke længere foregav sin skade, var knap nok ved bevidsthed.

Solleks, still faithful, mourned he had no strength to give.

Solleks, stadig trofast, sørgede over, at han ikke havde nogen styrke at give.

Teek was beaten most because he was fresher, but fading fast.

Teek blev mest slået fordi han var friskere, men falmede hurtigt.

And Buck, still in the lead, no longer kept order or enforced it.

Og Buck, der stadig var i føringen, holdt ikke længere orden eller håndhævede den.

Half blind with weakness, Buck followed the trail by feel alone.

Halvblind af svaghed fulgte Buck sporet alene ved at føle.

It was beautiful spring weather, but none of them noticed it.

Det var smukt forårsvejr, men ingen af dem bemærkede det.

Each day the sun rose earlier and set later than before.

Hver dag stod solen op tidligere og gik ned senere end før.

By three in the morning, dawn had come; twilight lasted till nine.

Klokken tre om morgenen var det daggry, og tusmørket varede til klokken ni.

The long days were filled with the full blaze of spring sunshine.

De lange dage var fyldt med det fulde strålende forårssolskin.

The ghostly silence of winter had changed into a warm murmur.

Vinterens spøgelsesagtige stilhed var forvandlet til en varm mumlen.

All the land was waking, alive with the joy of living things.

Hele landet vågnede, levende med glæden ved levende ting.

The sound came from what had lain dead and still through winter.

Lyden kom fra det, der havde ligget dødt og stille gennem vinteren.

Now, those things moved again, shaking off the long frost sleep.

Nu bevægede disse ting sig igen og rystede den lange frostsøvn af sig.

Sap was rising through the dark trunks of the waiting pine trees.

Saften steg op gennem de mørke stammer af de ventende fyrretræer.

Willows and aspens burst out bright young buds on each twig.

Piletræer og asper springer klare, unge knopper ud på hver kvist.

Shrubs and vines put on fresh green as the woods came alive.

Buske og vinstokke fik frisk grønt, da skoven vågnede til live.

Crickets chirped at night, and bugs crawled in daylight sun.

Fårekyllinger kvidrede om natten, og insekter kravlede i dagslysets sol.

Partridges boomed, and woodpeckers knocked deep in the trees.

Agerhønsene buldrede, og spætter bankede dybt oppe i træerne.

Squirrels chattered, birds sang, and geese honked over the dogs.

Ekorner snakkede, fugle sang, og gæs dyttede over hundene.

The wild-fowl came in sharp wedges, flying up from the south.

Vildfuglene kom i skarpe flokke, fløjende op fra syd.

From every hillside came the music of hidden, rushing streams.

Fra hver bjergskråning kom musikken fra skjulte, brusende vandløb.

All things thawed and snapped, bent and burst back into motion.
Alt tøede op og knækkede, bøjede sig og brød tilbage i bevægelse.
The Yukon strained to break the cold chains of frozen ice.
Yukon anstrengte sig for at bryde den frosne is' kolde kæder.
The ice melted underneath, while the sun melted it from above.
Isen smeltede nedenunder, mens solen smeltede den ovenfra.
Air-holes opened, cracks spread, and chunks fell into the river.
Lufthuller åbnede sig, revner spredte sig, og klumper faldt i floden.
Amid all this bursting and blazing life, the travelers staggered.
Midt i alt dette sprudlende og flammende liv vaklede de rejsende.
Two men, a woman, and a pack of huskies walked like the dead.
To mænd, en kvinde og en flok huskyer gik som døde.
The dogs were falling, Mercedes wept, but still rode the sled.
Hundene faldt, Mercedes græd, men kørte stadig på slæden.
Hal cursed weakly, and Charles blinked through watering eyes.
Hal bandede svagt, og Charles blinkede med løbende øjne.
They stumbled into John Thornton's camp by White River's mouth.
De snublede ind i John Thorntons lejr ved White Rivers udmunding.
When they stopped, the dogs dropped flat, as if all struck dead.
Da de stoppede, faldt hundene flade, som om de alle var døde.
Mercedes wiped her tears and looked across at John Thornton.
Mercedes tørrede sine tårer og kiggede over på John Thornton.

Charles sat on a log, slowly and stiffly, aching from the trail.

Charles sad langsomt og stift på en træstamme, ondt i maven efter stien.

Hal did the talking as Thornton carved the end of an axe-handle.

Hal talte, mens Thornton skar enden af et økseskaft ud.

He whittled birch wood and answered with brief, firm replies.

Han sliber birketræ og svarede med korte, bestemte svar.

When asked, he gave advice, certain it wasn't going to be followed.

Da han blev spurgt, gav han et råd, sikker på at det ikke ville blive fulgt.

Hal explained, "They told us the trail ice was dropping out."

Hal forklarede: "De fortalte os, at isen på stien var ved at falde væk."

"They said we should stay put—but we made it to White River."

"De sagde, at vi skulle blive her – men vi nåede White River."

He ended with a sneering tone, as if to claim victory in hardship.

Han sluttede med en hånlig tone, som for at gøre krav på sejr i trængsler.

"And they told you true," John Thornton answered Hal quietly.

"Og de fortalte dig sandheden," svarede John Thornton stille til Hal.

"The ice may give way at any moment—it's ready to drop out."

"Isen kan give efter når som helst – den er lige ved at falde af."

"Only blind luck and fools could have made it this far alive."

"Kun blind held og tåber kunne have nået så langt i live."

"I tell you straight, I wouldn't risk my life for all Alaska's gold."

"Jeg siger dig ærligt, jeg ville ikke risikere mit liv for alt Alaskas guld."

"That's because you're not a fool, I suppose," Hal answered.

"Det er vel fordi, du ikke er en tåbe," svarede Hal.

"All the same, we'll go on to Dawson." He uncoiled his whip.

"Alligevel går vi videre til Dawson." Han rullede sin pisk ud.

"Get up there, Buck! Hi! Get up! Go on!" he shouted harshly.

"Kom op, Buck! Hej! Kom op! Kom så!" råbte han hårdt.

Thornton kept whittling, knowing fools won't hear reason.

Thornton blev ved med at sniffe, vel vidende at tåber ikke vil høre fornuft.

To stop a fool was futile — and two or three fooled changed nothing.

At stoppe en tåbe var nytteløst – og to eller tre narrede ændrede ingenting.

But the team didn't move at the sound of Hal's command.

Men holdet bevægede sig ikke ved lyden af Hals kommando.

By now, only blows could make them rise and pull forward.

På nuværende tidspunkt kunne kun slag få dem til at rejse sig og trække sig fremad.

The whip snapped again and again across the weakened dogs.

Pisken knaldede igen og igen hen over de svækkede hunde.

John Thornton pressed his lips tightly and watched in silence.

John Thornton pressede læberne tæt og så i stilhed.

Solleks was the first to crawl to his feet under the lash.

Solleks var den første, der kravlede op på benene under pisken.

Then Teek followed, trembling. Joe yelped as he stumbled up.

Så fulgte Teek efter, rystende. Joe gøede, da han snublede op.

Pike tried to rise, failed twice, then finally stood unsteadily.

Pike forsøgte at rejse sig, men fejlede to gange, og stod til sidst ustabelt op.

But Buck lay where he had fallen, not moving at all this time.

Men Buck lå, hvor han var faldet, og bevægede sig slet ikke denne gang.

The whip slashed him over and over, but he made no sound.

Pisken slog ham igen og igen, men han sagde ingen lyd.

He did not flinch or resist, simply remained still and quiet.

Han hverken veg tilbage eller gjorde modstand, men forblev bare stille og rolig.

Thornton stirred more than once, as if to speak, but didn't.

Thornton rørte sig mere end én gang, som for at tale, men gjorde det ikke.

His eyes grew wet, and still the whip cracked against Buck.

Hans øjne blev våde, og pisken knaldede stadig mod Buck.

At last, Thornton began pacing slowly, unsure of what to do.

Endelig begyndte Thornton at gå langsomt frem og tilbage, usikker på, hvad han skulle gøre.

It was the first time Buck had failed, and Hal grew furious.

Det var første gang Buck havde fejlet, og Hal blev rasende.

He threw down the whip and picked up the heavy club instead.

Han kastede pisken fra sig og samlede i stedet den tunge kølle op.

The wooden club came down hard, but Buck still did not rise to move.

Trækøllen faldt hårdt ned, men Buck rejste sig stadig ikke for at røre sig.

Like his teammates, he was too weak—but more than that.

Ligesom sine holdkammerater var han for svag – men mere end det.

Buck had decided not to move, no matter what came next.

Buck havde besluttet sig for ikke at flytte sig, uanset hvad der skete derefter.

He felt something dark and certain hovering just ahead.

Han følte noget mørkt og sikkert svæve lige forude.

That dread had seized him as soon as he reached the riverbank.

Den frygt havde grebet ham, så snart han nåede flodbredden.

The feeling had not left him since he felt the ice thin under his paws.

Følelsen havde ikke forladt ham, siden han havde mærket isen blive tynd under sine poter.

Something terrible was waiting—he felt it just down the trail.

Noget forfærdeligt ventede – han mærkede det lige nede ad stien.

He wasn't going to walk towards that terrible thing ahead

Han ville ikke gå mod den forfærdelige ting forude.

He was not going to obey any command that took him to that thing.

Han ville ikke adlyde nogen kommando, der førte ham til den ting.

The pain of the blows hardly touched him now—he was too far gone.

Smerten fra slagene rørte ham knap nok nu – han var for langt væk.

The spark of life flickered low, dimmed beneath each cruel strike.

Livsgnisten blafrede lavt, dæmpet under hvert grusomme slag.

His limbs felt distant; his whole body seemed to belong to another.

Hans lemmer føltes fjerne; hele hans krop syntes at tilhøre en anden.

He felt a strange numbness as the pain faded out completely.

Han følte en mærkelig følelsesløshed, da smerten forsvandt helt.

From far away, he sensed he was being beaten, but barely knew.

På afstand fornemmede han, at han blev slået, men vidste det knap nok.

He could hear the thuds faintly, but they no longer truly hurt.

Han kunne svagt høre dunkene, men de gjorde ikke længere rigtig ondt.

The blows landed, but his body no longer seemed like his own.

Slagene landede, men hans krop føltes ikke længere som hans egen.

Then suddenly, without warning, John Thornton gave a wild cry.

Så pludselig, uden varsel, udstødte John Thornton et vildt skrig.

It was inarticulate, more the cry of a beast than of a man.

Det var uartikuleret, mere et dyrs end et menneskes skrig.

He leapt at the man with the club and knocked Hal backward.

Han sprang mod manden med køllen og slog Hal bagover.

Hal flew as if struck by a tree, landing hard upon the ground.

Hal fløj, som om han var blevet ramt af et træ, og landede hårdt på jorden.

Mercedes screamed aloud in panic and clutched at her face.

Mercedes skreg højt i panik og klamrede sig til hendes ansigt.

Charles only looked on, wiped his eyes, and stayed seated.

Charles så bare til, tørrede øjnene og blev siddende.

His body was too stiff with pain to rise or help in the fight.

Hans krop var for stiv af smerter til at rejse sig eller hjælpe til i kampen.

Thornton stood over Buck, trembling with fury, unable to speak.

Thornton stod over Buck, rystende af raseri, ude af stand til at tale.

He shook with rage and fought to find his voice through it.

Han rystede af raseri og kæmpede for at finde sin stemme igennem det.

"If you strike that dog again, I'll kill you," he finally said.

"Hvis du slår den hund igen, slår jeg dig ihjel," sagde han endelig.

Hal wiped blood from his mouth and came forward again.

Hal tørrede blodet af munden og kom frem igen.

"It's my dog," he muttered. "Get out of the way, or I'll fix you."

"Det er min hund," mumlede han. "Kom væk, ellers ordner jeg dig."

"I'm going to Dawson, and you're not stopping me," he added.

"Jeg tager til Dawson, og du stopper mig ikke," tilføjede han.

Thornton stood firm between Buck and the angry young man.

Thornton stod fast mellem Buck og den vrede unge mand.

He had no intention of stepping aside or letting Hal pass.

Han havde ingen intentioner om at træde til side eller lade Hal gå forbi.

Hal pulled out his hunting knife, long and dangerous in hand.

Hal trak sin jagtkniv frem, lang og farlig i hånden.

Mercedes screamed, then cried, then laughed in wild hysteria.

Mercedes skreg, så græd, så lo hun i vild hysteri.

Thornton struck Hal's hand with his axe-handle, hard and fast.

Thornton slog Hals hånd med sit økseskaft, hårdt og hurtigt.

The knife was knocked loose from Hal's grip and flew to the ground.

Kniven blev slået løs fra Hals greb og fløj til jorden.

Hal tried to pick the knife up, and Thornton rapped his knuckles again.

Hal prøvede at samle kniven op, og Thornton bankede igen på knoerne.

Then Thornton stooped down, grabbed the knife, and held it.

Så bøjede Thornton sig ned, greb kniven og holdt den.

With two quick chops of the axe-handle, he cut Buck's reins.

Med to hurtige hug med økseskaftet huggede han Bucks tøjler over.

Hal had no fight left in him and stepped back from the dog.

Hal havde ingen kamp tilbage i sig og trådte tilbage fra hunden.

Besides, Mercedes needed both arms now to keep her upright.

Desuden havde Mercedes brug for begge arme nu for at holde sig oprejst.

Buck was too near death to be of use for pulling a sled again.

Buck var for døden nær til at kunne bruges til at trække en slæde igen.

A few minutes later, they pulled out, heading down the river.

Få minutter senere kørte de ud og satte kursen ned ad floden.

Buck raised his head weakly and watched them leave the bank.

Buck løftede svagt hovedet og så dem forlade banken.

Pike led the team, with Solleks at the rear in the wheel spot.

Pike førte holdet, med Solleks bagerst i rattet.

Joe and Teek walked between, both limping with exhaustion.

Joe og Teek gik imellem, begge haltende af udmattelse.

Mercedes sat on the sled, and Hal gripped the long gee-pole.

Mercedes satte sig på slæden, og Hal greb fat i den lange gee-stang.

Charles stumbled behind, his steps clumsy and uncertain.

Charles snublede bagved, hans skridt klodsede og usikre.

Thornton knelt by Buck and gently felt for broken bones.

Thornton knælede ved siden af Buck og følte forsigtigt efter brækkede knogler.

His hands were rough but moved with kindness and care.

Hans hænder var ru, men bevægede sig med venlighed og omhu.

Buck's body was bruised but showed no lasting injury.

Bucks krop var forslået, men viste ingen varige skader.

What remained was terrible hunger and near-total weakness.

Tilbage var en frygtelig sult og en næsten total svaghed.

By the time this was clear, the sled had gone far downriver.

Da dette var klart, var slæden kørt langt ned ad floden.

Man and dog watched the sled slowly crawl over the cracking ice.

Mand og hund så slæden langsomt kravle hen over den revnede is.

Then, they saw the sled sink down into a hollow.

Så så de slæden synke ned i en fordybning.

The gee-pole flew up, with Hal still clinging to it in vain.

Gee-stangen fløj op, og Hal klamrede sig stadig forgæves til den.

Mercedes's scream reached them across the cold distance.

Mercedes' skrig nåede dem over den kolde afstand.

Charles turned and stepped back—but he was too late.

Charles vendte sig og trådte tilbage – men han var for sent ude.

A whole ice sheet gave way, and they all dropped through.

En hel iskappe gav efter, og de faldt alle sammen igennem.

Dogs, sled, and people vanished into the black water below.

Hunde, slæde og mennesker forsvandt i det sorte vand nedenfor.

Only a wide hole in the ice was left where they had passed.

Kun et bredt hul i isen var tilbage, hvor de var passeret.

The trail's bottom had dropped out—just as Thornton warned.

Stiens bund var faldet ud – præcis som Thornton advarede om.

Thornton and Buck looked at one another, silent for a moment.

Thornton og Buck så tavse på hinanden et øjeblik.

"You poor devil," said Thornton softly, and Buck licked his hand.

"Din stakkels djævel," sagde Thornton sagte, og Buck slikkede sin hånd.

For the Love of a Man
Af kærlighed til en mand

John Thornton froze his feet in the cold of the previous December.

John Thornton frøs fødderne i kulden i den foregående december.

His partners made him comfortable and left him to recover alone.

Hans partnere sørgede for, at han havde det behageligt og lod ham komme sig alene.

They went up the river to gather a raft of saw-logs for Dawson.

De gik op ad floden for at samle en tømmerflåde savtømmer til Dawson.

He was still limping slightly when he rescued Buck from death.

Han haltede stadig lidt, da han reddede Buck fra døden.

But with warm weather continuing, even that limp disappeared.

Men med det fortsatte varme vejr forsvandt selv den halten.

Lying by the riverbank during long spring days, Buck rested.

Buck hvilede sig ved flodbredden i de lange forårsdage.

He watched the flowing water and listened to birds and insects.

Han betragtede det strømmende vand og lyttede til fugle og insekter.

Slowly, Buck regained his strength under the sun and sky.

Langsomt genvandt Buck sine kræfter under solen og himlen.

A rest felt wonderful after traveling three thousand miles.

En hvile føltes vidunderlig efter at have rejst tre tusinde kilometer.

Buck became lazy as his wounds healed and his body filled out.

Buck blev doven, efterhånden som hans sår helede, og hans krop fyldtes op.

His muscles grew firm, and flesh returned to cover his bones.
Hans muskler blev faste, og kødet dækkede knoglerne igen.
They were all resting—Buck, Thornton, Skeet, and Nig.
De hvilede sig alle – Buck, Thornton, Skeet og Nig.
They waited for the raft that was going to carry them down to Dawson.
De ventede på tømmerflåden, der skulle fragte dem ned til Dawson.
Skeet was a small Irish setter who made friends with Buck.
Skeet var en lille irsk setter, der blev venner med Buck.
Buck was too weak and ill to resist her at their first meeting.
Buck var for svag og syg til at modstå hende ved deres første møde.
Skeet had the healer trait that some dogs naturally possess.
Skeet havde den helbredende egenskab, som nogle hunde naturligt besidder.
Like a mother cat, she licked and cleaned Buck's raw wounds.
Som en morkat slikkede og rensede hun Bucks rå sår.
Every morning after breakfast, she repeated her careful work.
Hver morgen efter morgenmaden gentog hun sit omhyggelige arbejde.
Buck came to expect her help as much as he did Thornton's.
Buck kom til at forvente hendes hjælp lige så meget, som han forventede Thorntons.
Nig was friendly too, but less open and less affectionate.
Nig var også venlig, men mindre åben og mindre kærlig.
Nig was a big black dog, part bloodhound and part deerhound.
Nig var en stor sort hund, delvist blodhund og delvist hjortehund.
He had laughing eyes and endless good nature in his spirit.
Han havde leende øjne og en uendelig godhed i sin ånd.
To Buck's surprise, neither dog showed jealousy toward him.

Til Bucks overraskelse viste ingen af hundene jalousi over for
ham.

Both Skeet and Nig shared the kindness of John Thornton.

Både Skeet og Nig delte John Thorntons venlighed.

As Buck got stronger, they lured him into foolish dog games.

Efterhånden som Buck blev stærkere, lokkede de ham med i
tåbelige hundelege.

**Thornton often played with them too, unable to resist their
joy.**

Thornton legede også ofte med dem, ude af stand til at modstå
deres glæde.

In this playful way, Buck moved from illness to a new life.

På denne legende måde bevægede Buck sig fra sygdom til et
nyt liv.

Love—true, burning, and passionate love—was his at last.

Kærligheden – ægte, brændende og lidenskabelig kærlighed –
var endelig hans.

He had never known this kind of love at Miller's estate.

Han havde aldrig kendt denne form for kærlighed på Millers
ejendom.

With the Judge's sons, he had shared work and adventure.

Med dommerens sønner havde han delt arbejde og eventyr.

With the grandsons, he saw stiff and boastful pride.

Hos børnebørnene så han stiv og pralende stolthed.

With Judge Miller himself, he had a respectful friendship.

Med dommer Miller selv havde han et respektfuldt venskab.

**But love that was fire, madness, and worship came with
Thornton.**

Men kærlighed, der var ild, vanvid og tilbedelse, kom med
Thornton.

**This man had saved Buck's life, and that alone meant a great
deal.**

Denne mand havde reddet Bucks liv, og alene det betød
meget.

**But more than that, John Thornton was the ideal kind of
master.**

Men mere end det, var John Thornton den ideelle slags mester.

Other men cared for dogs out of duty or business necessity.

Andre mænd passede hunde af pligt eller forretningsmæssig nødvendighed.

John Thornton cared for his dogs as if they were his children.

John Thornton passede på sine hunde, som var de hans børn.

He cared for them because he loved them and simply could not help it.

Han holdt af dem, fordi han elskede dem og simpelthen ikke kunne lade være.

John Thornton saw even further than most men ever managed to see.

John Thornton så endnu længere end de fleste mænd nogensinde formåede at se.

He never forgot to greet them kindly or speak a cheering word.

Han glemte aldrig at hilse venligt på dem eller sige et opmuntrende ord.

He loved sitting down with the dogs for long talks, or "gassy," as he said.

Han elskede at sidde ned med hundene til lange samtaler, eller "gassy", som han sagde.

He liked to seize Buck's head roughly between his strong hands.

Han kunne lide at gribe Bucks hoved hårdt mellem sine stærke hænder.

Then he rested his own head against Buck's and shook him gently.

Så hvilede han sit hoved mod Bucks og rystede ham forsigtigt.

All the while, he called Buck rude names that meant love to Buck.

Hele tiden kaldte han Buck uhøflige navne, der betød kærlighed for Buck.

To Buck, that rough embrace and those words brought deep joy.

For Buck bragte den hårde omfavnelse og de ord dyb glæde.

His heart seemed to shake loose with happiness at each movement.

Hans hjerte syntes at dirre løs af lykke ved hver bevægelse.

When he sprang up afterward, his mouth looked like it laughed.

Da han sprang op bagefter, så det ud, som om hans mund lo.

His eyes shone brightly and his throat trembled with unspoken joy.

Hans øjne strålede klart, og hans hals dirrede af uudtalt glæde.

His smile stood still in that state of emotion and glowing affection.

Hans smil stod stille i den tilstand af følelser og glødende hengivenhed.

Then Thornton exclaimed thoughtfully, "God! he can almost speak!"

Så udbrød Thornton eftertænksomt: "Gud! han kan næsten tale!"

Buck had a strange way of expressing love that nearly caused pain.

Buck havde en mærkelig måde at udtrykke kærlighed på, der næsten forårsagede smerte.

He often griped Thornton's hand in his teeth very tightly.

Han greb ofte Thorntons hånd meget hårdt mellem tænderne.

The bite was going to leave deep marks that stayed for some time after.

Biddet ville efterlade dybe mærker, der blev i nogen tid efter.

Buck believed those oaths were love, and Thornton knew the same.

Buck troede, at disse eder var kærlighed, og Thornton vidste det samme.

Most often, Buck's love showed in quiet, almost silent adoration.

Bucks kærlighed viste sig oftest i stille, næsten tavs tilbedelse.

Though thrilled when touched or spoken to, he did not seek attention.

Selvom han blev begejstret, når han blev berørt eller talt til, søgte han ikke opmærksomhed.

Skeet nudged her nose under Thornton's hand until he petted her.

Skeet puffede sin snude under Thorntons hånd, indtil han kælede med hende.

Nig walked up quietly and rested his large head on Thornton's knee.

Nig gik stille hen og hvilede sit store hoved på Thorntons knæ.

Buck, in contrast, was satisfied to love from a respectful distance.

Buck var derimod tilfreds med at elske fra en respektfuld afstand.

He lied for hours at Thornton's feet, alert and watching closely.

Han lå i timevis ved Thorntons fødder, årvågen og observerende.

Buck studied every detail of his master's face and slightest motion.

Buck studerede hver eneste detalje af sin herres ansigt og mindste bevægelse.

Or lied farther away, studying the man's shape in silence.

Eller løj længere væk og studerede mandens skikkelse i stilhed.

Buck watched each small move, each shift in posture or gesture.

Buck iagttog hver lille bevægelse, hvert skift i kropsholdning eller gestus.

So powerful was this connection that often pulled Thornton's gaze.

Denne forbindelse var så stærk, at den ofte fangede Thorntons blik.

He met Buck's eyes with no words, love shining clearly through.

Han mødte Bucks øjne uden ord, kærligheden skinnede klart igennem.

For a long while after being saved, Buck never let Thornton out of sight.

I lang tid efter at være blevet reddet, lod Buck aldrig Thornton ud af syne.

Whenever Thornton left the tent, Buck followed him closely outside.

Hver gang Thornton forlod teltet, fulgte Buck ham tæt udenfor.

All the harsh masters in the Northland had made Buck afraid to trust.

Alle de barske herrer i Nordlandet havde gjort Buck bange for at stole på ham.

He feared no man could remain his master for more than a short time.

Han frygtede, at ingen mand kunne forblive hans herre i mere end en kort tid.

He feared John Thornton was going to vanish like Perrault and François.

Han frygtede, at John Thornton ville forsvinde ligesom Perrault og François.

Even at night, the fear of losing him haunted Buck's restless sleep.

Selv om natten hjemsøgte frygten for at miste ham Bucks urolige søvn.

When Buck woke, he crept out into the cold, and went to the tent.

Da Buck vågnede, krøb han ud i kulden og gik hen til teltet.

He listened carefully for the soft sound of breathing inside.

Han lyttede opmærksomt efter den bløde lyd af vejrtrækning indeni.

Despite Buck's deep love for John Thornton, the wild stayed alive.

Trods Bucks dybe kærlighed til John Thornton, forblev vildmarken i live.

That primitive instinct, awakened in the North, did not disappear.

Det primitive instinkt, der var vækket i Norden, forsvandt ikke.

Love brought devotion, loyalty, and the fire-side's warm bond.

Kærlighed bragte hengivenhed, loyalitet og ildens varme bånd.

But Buck also kept his wild instincts, sharp and ever alert.

Men Buck bevarede også sine vilde instinkter, skarpe og altid årvågne.

He was not just a tamed pet from the soft lands of civilization.

Han var ikke bare et tamt kæledyr fra civilisationens bløde lande.

Buck was a wild being who had come in to sit by Thornton's fire.

Buck var et vildt væsen, der var kommet ind for at sidde ved Thorntons bål.

He looked like a Southland dog, but wildness lived within him.

Han lignede en sydlandsk hund, men der levede vildskab i ham.

His love for Thornton was too great to allow theft from the man.

Hans kærlighed til Thornton var for stor til at tillade tyveri fra manden.

But in any other camp, he would steal boldly and without pause.

Men i enhver anden lejr ville han stjæle dristigt og uden pause.

He was so clever in stealing that no one could catch or accuse him.

Han var så snedig til at stjæle, at ingen kunne fange eller anklage ham.

His face and body were covered in scars from many past fights.

Hans ansigt og krop var dækket af ar fra mange tidligere kampe.

Buck still fought fiercely, but now he fought with more cunning.

Buck kæmpede stadig voldsomt, men nu kæmpede han med mere list.

Skeet and Nig were too gentle to fight, and they were Thornton's.

Skeet og Nig var for blide til at slås, og de tilhørte Thornton.

But any strange dog, no matter how strong or brave, gave way.

Men enhver fremmed hund, uanset hvor stærk eller modig den var, gav efter.

Otherwise, the dog found itself battling Buck; fighting for its life.

Ellers måtte hunden kæmpe mod Buck; kæmpe for sit liv.

Buck had no mercy once he chose to fight against another dog.

Buck viste ingen nåde, da han først valgte at kæmpe mod en anden hund.

He had learned well the law of club and fang in the Northland.

Han havde lært loven om kølle og hugtand godt i Nordlandet.

He never gave up an advantage and never backed away from battle.

Han opgav aldrig en fordel og trak sig aldrig tilbage fra kamp.

He had studied Spitz and the fiercest dogs of mail and police.

Han havde studeret Spitz og de vildeste post- og politihunde.

He knew clearly there was no middle ground in wild combat.

Han vidste tydeligt, at der ikke var nogen mellemvej i vild kamp.

He must rule or be ruled; showing mercy meant showing weakness.

Han måtte herske eller blive hersket; at vise barmhjertighed betød at vise svaghed.

Mercy was unknown in the raw and brutal world of survival.

Barmhjertighed var ukendt i overlevelsens rå og brutale verden.

To show mercy was seen as fear, and fear led quickly to death.

At vise barmhjertighed blev set som frygt, og frygt førte hurtigt til døden.

The old law was simple: kill or be killed, eat or be eaten.

Den gamle lov var enkel: dræb eller bliv dræbt, spis eller bliv spist.

That law came from the depths of time, and Buck followed it fully.

Den lov kom fra tidens dyb, og Buck fulgte den fuldt ud.

Buck was older than his years and the number of breaths he took.

Buck var ældre end sine år og antallet af åndedrag, han tog.

He connected the ancient past with the present moment clearly.

Han forbandt den gamle fortid tydeligt med nutiden.

The deep rhythms of the ages moved through him like the tides.

Tidernes dybe rytmer bevægede sig gennem ham som tidevandet.

Time pulsed in his blood as surely as seasons moved the earth.

Tiden pulserede i hans blod lige så sikkert som årstiderne bevægede jorden.

He sat by Thornton's fire, strong-chested and white-fanged.

Han sad ved Thorntons ild med kraftig brystkasse og hvide hugtænder.

His long fur waved, but behind him the spirits of wild dogs watched.

Hans lange pels blafrede, men bag ham så vilde hundes ånder på.

Half-wolves and full wolves stirred within his heart and senses.

Halvulve og fulde ulve rørte sig i hans hjerte og sanser.

They tasted his meat and drank the same water that he did.

De smagte på hans kød og drak det samme vand som han gjorde.

They sniffed the wind alongside him and listened to the forest.

De snusede til vinden ved siden af ham og lyttede til skoven.

They whispered the meanings of the wild sounds in the darkness.

De hviskede betydningen af de vilde lyde i mørket.

They shaped his moods and guided each of his quiet reactions.

De formede hans humør og styrede hver af hans stille reaktioner.

They lay with him as he slept and became part of his deep dreams.

De lå hos ham, mens han sov, og blev en del af hans dybe drømme.

They dreamed with him, beyond him, and made up his very spirit.

De drømte med ham, hinsides ham, og udgjorde selve hans ånd.

The spirits of the wild called so strongly that Buck felt pulled.

Vildmarkens ånder kaldte så stærkt, at Buck følte sig draget.

Each day, mankind and its claims grew weaker in Buck's heart.

Hver dag blev menneskeheden og dens krav svagere i Bucks hjerte.

Deep in the forest, a strange and thrilling call was going to rise.

Dybt inde i skoven ville et mærkeligt og spændende kald stige.

Every time he heard the call, Buck felt an urge he could not resist.

Hver gang han hørte kaldet, følte Buck en trang, han ikke kunne modstå.

He was going to turn from the fire and from the beaten human paths.

Han ville vende sig bort fra ilden og fra de slagne
menneskestier.

**He was going to plunge into the forest, going forward
without knowing why.**

Han ville styrte ind i skoven, fortsætte fremad uden at vide
hvorfor.

**He did not question this pull, for the call was deep and
powerful.**

Han satte ikke spørgsmålstegn ved denne tiltrækning, for
kaldet var dybt og kraftfuldt.

Often, he reached the green shade and soft untouched earth

Ofte nåede han den grønne skygge og den bløde, uberørte jord

**But then the strong love for John Thornton pulled him back
to the fire.**

Men så trak den stærke kærlighed til John Thornton ham
tilbage til ilden.

**Only John Thornton truly held Buck's wild heart in his
grasp.**

Kun John Thornton holdt virkelig Bucks vilde hjerte i sit greb.

**The rest of mankind had no lasting value or meaning to
Buck.**

Resten af menneskeheden havde ingen varig værdi eller
betydning for Buck.

**Strangers might praise him or stroke his fur with friendly
hands.**

Fremmede roser ham måske eller stryger ham over pelsen
med venlige hænder.

**Buck remained unmoved and walked off from too much
affection.**

Buck forblev urørlig og gik sin vej på grund af for megen
hengivenhed.

**Hans and Pete arrived with the raft that had long been
awaited**

Hans og Pete ankom med den længe ventede tømmerflåde

**Buck ignored them until he learned they were close to
Thornton.**

Buck ignorerede dem, indtil han fandt ud af, at de var tæt på Thornton.

After that, he tolerated them, but never showed them full warmth.

Derefter tolererede han dem, men viste dem aldrig fuld varme.

He took food or kindness from them as if doing them a favor.

Han tog imod mad eller venlighed fra dem, som om han gjorde dem en tjeneste.

They were like Thornton—simple, honest, and clear in thought.

De var ligesom Thornton – enkle, ærlige og klare i tankerne.

All together they traveled to Dawson's saw-mill and the great eddy

Alle sammen rejste de til Dawsons savværk og den store hvirvelstrøm

On their journey the learned to understand Buck's nature deeply.

På deres rejse lærte de at forstå Bucks natur dybt.

They did not try to grow close like Skeet and Nig had done.

De forsøgte ikke at komme tættere på hinanden, ligesom Skeet og Nig havde gjort.

But Buck's love for John Thornton only deepened over time.

Men Bucks kærlighed til John Thornton blev kun dybere med tiden.

Only Thornton could place a pack on Buck's back in the summer.

Kun Thornton kunne lægge en pakke på Bucks ryg om sommeren.

Whatever Thornton commanded, Buck was willing to do fully.

Uanset hvad Thornton beordrede, var Buck villig til at gøre fuldt ud.

One day, after they left Dawson for the headwaters of the Tanana,

En dag, efter de havde forladt Dawson for at nå Tanana-
flodens udspring,

**the group sat on a cliff that dropped three feet to bare
bedrock.**

Gruppen sad på en klippe, der faldt en meter ned til bart
grundfjeld.

**John Thornton sat near the edge, and Buck rested beside
him.**

John Thornton sad nær kanten, og Buck hvilede sig ved siden
af ham.

**Thornton had a sudden thought and called the men's
attention.**

Thornton fik en pludselig tanke og tiltrak mændenes
opmærksomhed.

**He pointed across the chasm and gave Buck a single
command.**

Han pegede over kløften og gav Buck én kommando.

"Jump, Buck!" he said, swinging his arm out over the drop.

"Hop, Buck!" sagde han og svingede armen ud over faldet.

In a moment, he had to grab Buck, who was leaping to obey.

Om et øjeblik måtte han gribe fat i Buck, som sprang for at
adlyde.

**Hans and Pete rushed forward and pulled both back to
safety.**

Hans og Pete skyndte sig frem og trak begge tilbage i
sikkerhed.

**After all ended, and they had caught their breath, Pete spoke
up.**

Efter at alt var overstået, og de havde fået vejret, tog Pete
ordet.

**"The love's uncanny," he said, shaken by the dog's fierce
devotion.**

"Kærligheden er uhyggelig," sagde han, rystet af hundens
voldsomme hengivenhed.

Thornton shook his head and replied with calm seriousness.

Thornton rystede på hovedet og svarede med rolig alvor.

"No, the love is splendid," he said, "but also terrible."

"Nej, kærligheden er storslået," sagde han, "men også forfærdelig."

"Sometimes, I must admit, this kind of love makes me afraid."

"Nogle gange må jeg indrømme, at denne form for kærlighed gør mig bange."

Pete nodded and said, "I'd hate to be the man who touches you."

Pete nikkede og sagde: "Jeg ville hade at være den mand, der rører dig."

He looked at Buck as he spoke, serious and full of respect.

Han så på Buck, mens han talte, alvorligt og fuld af respekt.

"Py Jingo!" said Hans quickly. "Me either, no sir."

„Py Jingo!" sagde Hans hurtigt. „Heller ikke mig, nej, hr."

Before the year ended, Pete's fears came true at Circle City.

Inden året var omme, gik Petes frygt i opfyldelse i Circle City.

A cruel man named Black Burton picked a fight in the bar.

En grusom mand ved navn Black Burton startede et slagsmål i baren.

He was angry and malicious, lashing out at a new tenderfoot.

Han var vred og ondskabsfuld og langede ud efter en ny følsom fod.

John Thornton stepped in, calm and good-natured as always.

John Thornton trådte til, rolig og godmodig som altid.

Buck lay in a corner, head down, watching Thornton closely.

Buck lå i et hjørne med hovedet nedad og iagttog Thornton nøje.

Burton suddenly struck, his punch sending Thornton spinning.

Burton slog pludselig til, og hans slag fik Thornton til at snurre rundt.

Only the bar's rail kept him from crashing hard to the ground.

Kun barens gelænder forhindrede ham i at styrte hårdt ned på jorden.

The watchers heard a sound that was not bark or yelp
Vagterne hørte en lyd, der ikke var gøen eller gylpen
a deep roar came from Buck as he launched toward the man.
Et dybt brøl lød fra Buck, da han skyndte sig mod manden.
Burton threw his arm up and barely saved his own life.
Burton løftede armen og reddede med nød og næppe sit eget
liv.
Buck crashed into him, knocking him flat onto the floor.
Buck bragede ind i ham og slog ham fladt ned på gulvet.
Buck bit deep into the man's arm, then lunged for the throat.
Buck bed dybt i mandens arm og kastede sig derefter ud efter
struben.
Burton could only partly block, and his neck was torn open.
Burton kunne kun delvist blokere, og hans hals blev revet op.
Men rushed in, clubs raised, and drove Buck off the
bleeding man.
Mænd stormede ind, med køller hejst, og drev Buck væk fra
den blødende mand.
A surgeon worked quickly to stop the blood from flowing
out.
En kirurg arbejdede hurtigt for at stoppe blodet i at løbe ud.
Buck paced and growled, trying to attack again and again.
Buck gik frem og tilbage og knurrede, mens han forsøgte at
angribe igen og igen.
Only swinging clubs kept him back from reaching Burton.
Kun svingende køller forhindrede ham i at nå Burton.
A miners' meeting was called and held right there on the
spot.
Der blev indkaldt til et minearbejdermøde og afholdt lige der
på stedet.
They agreed Buck had been provoked and voted to set him
free.
De var enige om, at Buck var blevet provokeret, og stemte for
at sætte ham fri.
But Buck's fierce name now echoed in every camp in Alaska.
Men Bucks stærke navn gav nu genlyd i alle lejre i Alaska.
Later that fall, Buck saved Thornton again in a new way.

Senere samme efterår reddede Buck Thornton igen på en ny måde.

The three men were guiding a long boat down rough rapids.

De tre mænd førte en lang båd ned ad barske strømfald.

Thornton maned the boat, calling directions to the shoreline.

Thornton managede båden og råbte vej til kystlinjen.

Hans and Pete ran on land, holding a rope from tree to tree.

Hans og Pete løb på land og holdt et reb fra træ til træ.

Buck kept pace on the bank, always watching his master.

Buck holdt trit på bredden og holdt altid øje med sin herre.

At one nasty place, rocks jutted out under the fast water.

På et ubehageligt sted stak klipper ud under det brusende vand.

Hans let go of the rope, and Thornton steered the boat wide.

Hans slap rebet, og Thornton styrede båden vidt.

Hans sprinted to catch the boat again past the dangerous rocks.

Hans spurtede for at indhente båden igen forbi de farlige klipper.

The boat cleared the ledge but hit a stronger part of the current.

Båden passerede afsatsen, men ramte en stærkere del af strømmen.

Hans grabbed the rope too quickly and pulled the boat off balance.

Hans greb for hurtigt fat i rebet og trak båden ud af balance.

The boat flipped over and slammed into the bank, bottom up.

Båden kæntrede og bragede ind i bredden med bunden opad.

Thornton was thrown out and swept into the wildest part of the water.

Thornton blev kastet ud og fejet ud i den vildeste del af vandet.

No swimmer could have survived in those deadly, racing waters.

Ingen svømmer kunne have overlevet i det dødbringende, brusende vand.

**Buck jumped in instantly and chased his master down the
river.**
Buck sprang straks ind og jagtede sin herre ned ad floden.
After three hundred yards, he reached Thornton at last.
Efter tre hundrede meter nåede han endelig Thornton.
**Thornton grabbed Buck's tail, and Buck turned for the
shore.**
Thornton greb fat i Bucks hale, og Buck vendte sig mod
kysten.
He swam with full strength, fighting the water's wild drag.
Han svømmede med fuld styrke og kæmpede mod vandets
vilde modstand.
**They moved downstream faster than they could reach the
shore.**
De bevægede sig nedstrøms hurtigere, end de kunne nå
kysten.
Ahead, the river roared louder as it fell into deadly rapids.
Forude brølede floden højere, mens den faldt ned i
dødbringende strømfald.
**Rocks sliced through the water like the teeth of a huge
comb.**
Stenene skar gennem vandet som tænderne på en enorm kam.
**The pull of the water near the drop was savage and
inescapable.**
Vandets tiltrækning nær dråben var vild og uundgåelig.
Thornton knew they could never make the shore in time.
Thornton vidste, at de aldrig kunne nå kysten i tide.
He scraped over one rock, smashed across a second,
Han skrabede over én sten, smadrede hen over en anden,
**And then he crashed into a third rock, grabbing it with both
hands.**
Og så bragede han ind i en tredje sten og greb den med begge
hænder.
He let go of Buck and shouted over the roar, "Go, Buck! Go!"
Han slap Buck og råbte over brølet: "Afsted, Buck! Afsted!"
**Buck could not stay afloat and was swept down by the
current.**

Buck kunne ikke holde sig oven vande og blev revet med af strømmen.

He fought hard, struggling to turn, but made no headway at all.

Han kæmpede hårdt og kæmpede for at vende sig, men gjorde slet ingen fremskridt.

Then he heard Thornton repeat the command over the river's roar.

Så hørte han Thornton gentage kommandoen over flodens brølen.

Buck reared out of the water, raised his head as if for a last look.

Buck steg op af vandet og løftede hovedet, som for at kaste et sidste blik.

then turned and obeyed, swimming toward the bank with resolve.

så vendte han sig om og adlød, mens han beslutsomt svømmede mod bredden.

Pete and Hans pulled him ashore at the final possible moment.

Pete og Hans trak ham i land i det sidste mulige øjeblik.

They knew Thornton could cling to the rock for only minutes more.

De vidste, at Thornton kun kunne klamre sig til klippen i få minutter mere.

They ran up the bank to a spot far above where he was hanging.

De løb op ad bredden til et sted langt over, hvor han hang.

They tied the boat's line to Buck's neck and shoulders carefully.

De bandt omhyggeligt bådens line fast til Bucks nakke og skuldre.

The rope was snug but loose enough for breathing and movement.

Rebet var stramt, men løst nok til at trække vejret og bevæge sig.

Then they launched him into the rushing, deadly river again.

Så kastede de ham igen ud i den brusende, dødbringende flod.

Buck swam boldly but missed his angle into the stream's force.

Buck svømmede dristigt, men ramte ikke strømmens kraft.

He saw too late that he was going to drift past Thornton.

Han så for sent, at han ville drive forbi Thornton.

Hans jerked the rope tight, as if Buck were a capsizing boat.

Hans stramte rebet, som om Buck var en kæntrende båd.

The current pulled him under, and he vanished below the surface.

Strømmen trak ham ned under overfladen, og han forsvandt.

His body struck the bank before Hans and Pete pulled him out.

Hans krop ramte banken, før Hans og Pete trak ham op.

He was half-drowned, and they pounded the water out of him.

Han var halvt druknet, og de hamrede vandet ud af ham.

Buck stood, staggered, and collapsed again onto the ground.

Buck rejste sig, vaklede og kollapsede igen om på jorden.

Then they heard Thornton's voice faintly carried by the wind.

Så hørte de Thorntons stemme, svagt båret af vinden.

Though the words were unclear, they knew he was near death.

Selvom ordene var uklare, vidste de, at han var døden nær.

The sound of Thornton's voice hit Buck like an electric jolt.

Lyden af Thorntons stemme ramte Buck som et elektrisk stød.

He jumped up and ran up the bank, returning to the launch point.

Han sprang op og løb op ad bredden og vendte tilbage til startstedet.

Again they tied the rope to Buck, and again he entered the stream.

Igen bandt de rebet til Buck, og igen gik han ud i bækken.

This time, he swam directly and firmly into the rushing water.

Denne gang svømmede han direkte og bestemt ud i det brusende vand.

Hans let out the rope steadily while Pete kept it from tangling.

Hans slap rebet støt ud, mens Pete holdt det fra at filtre sig sammen.

Buck swam hard until he was lined up just above Thornton.

Buck svømmede hårdt, indtil han var opstillet lige over Thornton.

Then he turned and charged down like a train in full speed.

Så vendte han sig og susede ned som et tog i fuld fart.

Thornton saw him coming, braced, and locked arms around his neck.

Thornton så ham komme, forberedt og holdt armene om hans hals.

Hans tied the rope fast around a tree as both were pulled under.

Hans bandt rebet fast omkring et træ, mens begge blev trukket under.

They tumbled underwater, smashing into rocks and river debris.

De tumlede under vandet og smadrede ind i klipper og flodaffald.

One moment Buck was on top, the next Thornton rose gasping.

Det ene øjeblik var Buck på toppen, det næste rejste Thornton sig gispende.

Battered and choking, they veered to the bank and safety.

Forslåede og kvalte drejede de mod bredden og i sikkerhed.

Thornton regained consciousness, lying across a drift log.

Thornton genvandt bevidstheden, liggende på tværs af en drivtømmer.

Hans and Pete worked him hard to bring back breath and life.

Hans og Pete arbejdede hårdt for at få ham tilbage i livet.

His first thought was for Buck, who lay motionless and limp.

Hans første tanke var på Buck, som lå ubevægelig og slap.

Nig howled over Buck's body, and Skeet licked his face gently.

Nig hylede over Bucks krop, og Skeet slikkede ham blidt i ansigtet.

Thornton, sore and bruised, examined Buck with careful hands.

Thornton, øm og forslået, undersøgte Buck med forsigtige hænder.

He found three ribs broken, but no deadly wounds in the dog.

Han fandt tre brækkede ribben, men ingen dødelige sår hos hunden.

"That settles it," Thornton said. "We camp here." And they did.

"Det afgør sagen," sagde Thornton. "Vi camperer her." Og det gjorde de.

They stayed until Buck's ribs healed and he could walk again.

De blev, indtil Bucks ribben var helet, og han kunne gå igen.

That winter, Buck performed a feat that raised his fame further.

Den vinter udførte Buck en bedrift, der øgede hans berømmelse yderligere.

It was less heroic than saving Thornton, but just as impressive.

Det var mindre heroisk end at redde Thornton, men lige så imponerende.

At Dawson, the partners needed supplies for a distant journey.

I Dawson havde partnerne brug for forsyninger til en fjern rejse.

They wanted to travel East, into untouched wilderness lands.

De ville rejse østpå, ind i uberørte vildmarksområder.

Buck's deed in the Eldorado Saloon made that trip possible.

Bucks gerning i Eldorado Saloon gjorde den rejse mulig.

It began with men bragging about their dogs over drinks.

Det begyndte med mænd, der pralede af deres hunde over drinks.

Buck's fame made him the target of challenges and doubt.

Bucks berømmelse gjorde ham til mål for udfordringer og tvivl.

Thornton, proud and calm, stood firm in defending Buck's name.

Thornton, stolt og rolig, stod fast i sit forsvar af Bucks navn.

One man said his dog could pull five hundred pounds with ease.

En mand sagde, at hans hund nemt kunne trække fem hundrede pund.

Another said six hundred, and a third bragged seven hundred.

En anden sagde seks hundrede, og en tredje pralede med syv hundrede.

"Pfft!" said John Thornton, "Buck can pull a thousand pound sled."

"Pfft!" sagde John Thornton, "Buck kan trække en slæde på tusind pund."

Matthewson, a Bonanza King, leaned forward and challenged him.

Matthewson, en Bonanza-konge, lænede sig frem og udfordrede ham.

"You think he can put that much weight into motion?"

"Tror du, han kan lægge så meget vægt i bevægelse?"

"And you think he can pull the weight a full hundred yards?"

"Og du tror, han kan trække vægten hundrede meter?"

Thornton replied coolly, "Yes. Buck is dog enough to do it."

Thornton svarede køligt: "Ja. Buck er hund nok til at gøre det."

"He'll put a thousand pounds into motion, and pull it a hundred yards."

"Han sætter tusind pund i bevægelse og trækker det hundrede meter."

Matthewson smiled slowly and made sure all men heard his words.

Matthewson smilede langsomt og sørgede for, at alle mænd hørte hans ord.

"I've got a thousand dollars that says he can't. There it is."

"Jeg har tusind dollars, der siger, at han ikke kan. Der er de."

He slammed a sack of gold dust the size of sausage on the bar.

Han smækkede en sæk guldstøv på størrelse med en pølse på baren.

Nobody said a word. The silence grew heavy and tense around them.

Ingen sagde et ord. Stilheden blev tung og anspændt omkring dem.

Thornton's bluff—if it was one—had been taken seriously.

Thorntons bluff – hvis det var et – var blevet taget alvorligt.

He felt heat rise in his face as blood rushed to his cheeks.

Han følte varmen stige op i ansigtet, mens blodet fossede op ad kinderne.

His tongue had gotten ahead of his reason in that moment.

Hans tunge var kommet forud for hans fornuft i det øjeblik.

He truly didn't know if Buck could move a thousand pounds.

Han vidste virkelig ikke, om Buck kunne flytte tusind pund.

Half a ton! The size of it alone made his heart feel heavy.

Et halvt ton! Alene størrelsen gjorde ham tung om hjertet.

He had faith in Buck's strength and had thought him capable.

Han havde tillid til Bucks styrke og havde troet, at han var dygtig.

But he had never faced this kind of challenge, not like this.

Men han havde aldrig stået over for den slags udfordring, ikke som denne.

A dozen men watched him quietly, waiting to see what he'd do.

Et dusin mænd iagttog ham stille og ventede på at se, hvad han ville gøre.

He didn't have the money—neither did Hans or Pete.

Han havde ikke pengene – hverken Hans eller Pete havde.

"I've got a sled outside," said Matthewson coldly and direct.

"Jeg har en kælk udenfor," sagde Matthewson koldt og direkte.

"It's loaded with twenty sacks, fifty pounds each, all flour.

"Den er læsset med tyve sække, halvtreds pund hver, alt sammen mel."

So don't let a missing sled be your excuse now," he added.

Så lad ikke en forsvunden slæde være din undskyldning nu," tilføjede han.

Thornton stood silent. He didn't know what words to offer.

Thornton stod tavs. Han vidste ikke, hvilke ord han skulle sige.

He looked around at the faces without seeing them clearly.

Han kiggede rundt på ansigterne uden at se dem tydeligt.

He looked like a man frozen in thought, trying to restart.

Han lignede en mand, der var fastlåst i sine tanker, og som prøvede at genstarte.

Then he saw Jim O'Brien, a friend from the Mastodon days.

Så så han Jim O'Brien, en ven fra Mastodon-dagene.

That familiar face gave him courage he didn't know he had.

Det velkendte ansigt gav ham et mod, han ikke vidste, han havde.

He turned and asked in a low voice, "Can you lend me a thousand?"

Han vendte sig om og spurgte med lav stemme: "Kan du låne mig tusind?"

"Sure," said O'Brien, dropping a heavy sack by the gold already.

"Javisst," sagde O'Brien, idet han allerede smed en tung sæk ved siden af guldet.

"But truthfully, John, I don't believe the beast can do this."

"Men ærligt talt, John, tror jeg ikke, at udyret kan gøre dette."

Everyone in the Eldorado Saloon rushed outside to see the event.
Alle i Eldorado Saloon skyndte sig udenfor for at se begivenheden.

They left tables and drinks, and even the games were paused.
De forlod borde og drikkevarer, og selv spillene blev sat på pause.

Dealers and gamblers came to witness the bold wager's end.
Dealere og spillere kom for at være vidne til det dristige væddemåls afslutning.

Hundreds gathered around the sled in the icy open street.
Hundredvis samledes omkring slæden på den isglatte åbne gade.

Matthewson's sled stood with a full load of flour sacks.
Matthewsons slæde stod med en fuld last af melsække.

The sled had been sitting for hours in minus temperatures.
Slæden havde stået i timevis i minusgrader.

The sled's runners were frozen tight to the packed-down snow.
Slædens meder var frosset fast til den pakket sne.

Men offered two-to-one odds that Buck could not move the sled.
Mændene tilbød to til en odds på, at Buck ikke kunne flytte slæden.

A dispute broke out about what "break out" really meant.
Der opstod en diskussion om, hvad "bryde ud" egentlig betød.

O'Brien said Thornton should loosen the sled's frozen base.
O'Brien sagde, at Thornton skulle løsne slædens frosne bund.

Buck could then "break out" from a solid, motionless start.
Buck kunne så "bryde ud" fra en solid, ubevægelig start.

Matthewson argued the dog must break the runners free too.
Matthewson argumenterede for, at hunden også skulle slippe løberne fri.

The men who had heard the bet agreed with Matthewson's view.

Mændene, der havde hørt væddemålet, var enige i
Matthewsons synspunkt.

**With that ruling, the odds jumped to three-to-one against
Buck.**

Med den kendelse steg oddsene til tre til en mod Buck.

**No one stepped forward to take the growing three-to-one
odds.**

Ingen trådte frem for at tage imod de voksende odds på tre til
en.

Not a single man believed Buck could perform the great feat.

Ikke en eneste mand troede på, at Buck kunne udføre den
store bedrift.

Thornton had been rushed into the bet, heavy with doubts.

Thornton var blevet presset ind i væddemålet, tynget af tvivl.

Now he looked at the sled and the ten-dog team beside it.

Nu kiggede han på slæden og spandet på ti hunde ved siden
af den.

Seeing the reality of the task made it seem more impossible.

At se opgavens realitet fik den til at virke mere umulig.

**Matthewson was full of pride and confidence in that
moment.**

Matthewson var fuld af stolthed og selvtillid i det øjeblik.

**"Three to one!" he shouted. "I'll bet another thousand,
Thornton!**

„Tre til en!" råbte han. „Jeg vædder med tusind mere,
Thornton!"

What do you say?" he added, loud enough for all to hear.

"Hvad siger du?" tilføjede han højt nok til, at alle kunne høre
det.

Thornton's face showed his doubts, but his spirit had risen.

Thorntons ansigt viste hans tvivl, men hans humør var steget.

That fighting spirit ignored odds and feared nothing at all.

Den kampånd ignorerede odds og frygtede slet ingenting.

He called Hans and Pete to bring all their cash to the table.

Han ringede til Hans og Pete for at få dem til at bringe alle
deres penge til bordet.

They had little left—only two hundred dollars combined.

De havde kun lidt tilbage – kun to hundrede dollars tilsammen.

This small sum was their total fortune during hard times.

Denne lille sum var deres samlede formue i vanskelige tider.

Still, they laid all of the fortune down against Matthewson's bet.

Alligevel satsede de hele formuen mod Matthewsons væddemål.

The ten-dog team was unhitched and moved away from the sled.

Spandet på ti hunde blev fraspændt og bevægede sig væk fra slæden.

Buck was placed in the reins, wearing his familiar harness.

Buck blev sat i tøjlerne, iført sin velkendte sele.

He had caught the energy of the crowd and felt the tension.

Han havde fanget mængdens energi og mærket spændingen.

Somehow, he knew he had to do something for John Thornton.

På en eller anden måde vidste han, at han var nødt til at gøre noget for John Thornton.

People murmured with admiration at the dog's proud figure.

Folk mumlede af beundring over hundens stolte skikkelse.

He was lean and strong, without a single extra ounce of flesh.

Han var slank og stærk, uden en eneste ekstra gram kød.

His full weight of hundred fifty pounds was all power and endurance.

Hans fulde vægt på hundrede og halvtreds pund var ren kraft og udholdenhed.

Buck's coat gleamed like silk, thick with health and strength.

Bucks pels glimtede som silke, tyk af sundhed og styrke.

The fur along his neck and shoulders seemed to lift and bristle.

Pelsen langs hans hals og skuldre syntes at løfte sig og få stritter i håret.

His mane moved slightly, each hair alive with his great energy.

Hans man bevægede sig let, hvert hårstrå levende med hans store energi.

His broad chest and strong legs matched his heavy, tough frame.

Hans brede brystkasse og stærke ben matchede hans tunge, robuste kropsbygning.

Muscles rippled under his coat, tight and firm as bound iron.

Musklerne bølgede under hans frakke, stramme og faste som bundet jern.

Men touched him and swore he was built like a steel machine.

Mænd rørte ved ham og svor, at han var bygget som en stålmaskine.

The odds dropped slightly to two to one against the great dog.

Oddsene faldt en smule til to til en mod den store hund.

A man from the Skookum Benches pushed forward, stuttering.

En mand fra Skookum-bænkene skubbede sig frem, stammende.

"Good, sir! I offer eight hundred for him—before the test, sir!"

"Godt, hr.! Jeg tilbyder otte hundrede for ham – før prøven, hr.!"

"Eight hundred, as he stands right now!" the man insisted.

"Otte hundrede, som han står lige nu!" insisterede manden.

Thornton stepped forward, smiled, and shook his head calmly.

Thornton trådte frem, smilede og rystede roligt på hovedet.

Matthewson quickly stepped in with a warning voice and frown.

Matthewson trådte hurtigt til med en advarende stemme og et rynket pande.

"You must step away from him," he said. "Give him space."

"Du skal træde væk fra ham," sagde han. "Giv ham plads."

The crowd grew silent; only gamblers still offered two to one.

Mængden blev stille; kun spillerne tilbød stadig to til en.

Everyone admired Buck's build, but the load looked too great.

Alle beundrede Bucks bygning, men lasten så for stor ud.

Twenty sacks of flour—each fifty pounds in weight— seemed far too much.

Tyve sække mel – hver på halvtreds pund – virkede alt for meget.

No one was willing to open their pouch and risk their money.

Ingen var villige til at åbne deres pung og risikere deres penge.

Thornton knelt beside Buck and took his head in both hands.

Thornton knælede ved siden af Buck og tog hans hoved i begge hænder.

He pressed his cheek against Buck's and spoke into his ear.

Han pressede sin kind mod Bucks og talte i hans øre.

There was no playful shaking or whispered loving insults now.

Der var ingen legende rysten eller hviskede kærlige fornærmelser nu.

He only murmured softly, "As much as you love me, Buck."

Han mumlede kun sagte: "Lige så meget som du elsker mig, Buck."

Buck let out a quiet whine, his eagerness barely restrained.

Buck udstødte et stille klynk, hans iver knap nok behersket.

The onlookers watched with curiosity as tension filled the air.

Tilskuerne så med nysgerrighed på, mens spændingen fyldte luften.

The moment felt almost unreal, like something beyond reason.

Øjeblikket føltes næsten uvirkeligt, som noget hinsides al fornuft.

When Thornton stood, Buck gently took his hand in his jaws.

Da Thornton rejste sig, tog Buck blidt hans hånd mellem kæberne.

He pressed down with his teeth, then let go slowly and gently.

Han pressede ned med tænderne, og slap derefter langsomt og forsigtigt.

It was a silent answer of love, not spoken, but understood.

Det var et stille svar af kærlighed, ikke udtalt, men forstået.

Thornton stepped well back from the dog and gave the signal.

Thornton trådte et godt stykke tilbage fra hunden og gav signalet.

"Now, Buck," he said, and Buck responded with focused calm.

"Nå, Buck," sagde han, og Buck svarede med fokuseret ro.

Buck tightened the traces, then loosened them by a few inches.

Buck strammede skinnerne og løsnede dem derefter et par centimeter.

This was the method he had learned; his way to break the sled.

Dette var den metode, han havde lært; hans måde at bryde slæden på.

"Gee!" Thornton shouted, his voice sharp in the heavy silence.

"Hold da op!" råbte Thornton med skarp stemme i den tunge stilhed.

Buck turned to the right and lunged with all of his weight.

Buck drejede til højre og kastede sig ud med al sin vægt.

The slack vanished, and Buck's full mass hit the tight traces.

Slæbet forsvandt, og Bucks fulde masse ramte de snævre spor.

The sled trembled, and the runners made a crisp crackling sound.

Slæden dirrede, og mederne lavede en sprød knitrende lyd.

"Haw!" Thornton commanded, shifting Buck's direction again.

„Ha!" kommanderede Thornton og ændrede Bucks retning igen.

Buck repeated the move, this time pulling sharply to the left.

Buck gentog bevægelsen, denne gang trak han skarpt til venstre.

The sled cracked louder, the runners snapping and shifting.

Slæden knitrede højere, mederne knirkede og flyttede sig.

The heavy load slid slightly sideways across the frozen snow.

Den tunge last gled let sidelæns hen over den frosne sne.

The sled had broken free from the grip of the icy trail!

Slæden var løsrevet fra den isglatte stis greb!

Men held their breath, unaware they were not even breathing.

Mændene holdt vejret, uvidende om at de slet ikke trak vejret.

"Now, PULL!" Thornton cried out across the frozen silence.

"Nu, TRÆK!" råbte Thornton gennem den frosne stilhed.

Thornton's command rang out sharp, like the crack of a whip.

Thorntons kommando rungede skarpt, som lyden af en piske.

Buck hurled himself forward with a fierce and jarring lunge.

Buck kastede sig fremad med et voldsomt og rystende udfald.

His whole frame tensed and bunched for the massive strain.

Hele hans krop spændtes og sammenkrøbledes på grund af den massive belastning.

Muscles rippled under his fur like serpents coming alive.

Musklerne bølgede under hans pels som slanger, der kom til live.

His great chest was low, head stretched forward toward the sled.

Hans store brystkasse var lav, hovedet strakt frem mod slæden.

His paws moved like lightning, claws slicing the frozen ground.

Hans poter bevægede sig som lyn, kløer skar den frosne jord.

Grooves were cut deep as he fought for every inch of traction.

Der blev skåret dybt i sporene, mens han kæmpede for hver en centimeter af trækkraft.

The sled rocked, trembled, and began a slow, uneasy motion.

Slæden rokkede, dirrede og begyndte en langsom, urolig bevægelse.

One foot slipped, and a man in the crowd groaned aloud.

Den ene fod gled, og en mand i mængden stønnede højt.

Then the sled lunged forward in a jerking, rough movement.

Så kastede slæden sig fremad i en rykkende, ru bevægelse.

It didn't stop again—half an inch...an inch...two inches more.

Den stoppede ikke igen – en halv tomme ... en tomme ... to tommer mere.

The jerks became smaller as the sled began to gather speed.

Rykkene blev mindre, efterhånden som slæden begyndte at tage fart.

Soon Buck was pulling with smooth, even, rolling power.

Snart trak Buck med jævn, jævn rullekraft.

Men gasped and finally remembered to breathe again.

Mændene gispede og huskede endelig at trække vejret igen.

They had not noticed their breath had stopped in awe.

De havde ikke bemærket, at deres åndedræt var holdt op i ærefrygt.

Thornton ran behind, calling out short, cheerful commands.

Thornton løb bagved og råbte korte, muntre kommandoer.

Ahead was a stack of firewood that marked the distance.

Forude lå en stak brænde, der markerede afstanden.

As Buck neared the pile, the cheering grew louder and louder.

Efterhånden som Buck nærmede sig bunken, blev jubelråbene højere og højere.

The cheering swelled into a roar as Buck passed the end point.

Jubelråbene voksede til et brøl, da Buck passerede slutpunktet.

Men jumped and shouted, even Matthewson broke into a grin.

Mænd hoppede og råbte, selv Matthewson brød ud i et smil.

Hats flew into the air, mittens were tossed without thought or aim.

Hatte fløj op i luften, vanter blev kastet uden tanke eller sigte.

Men grabbed each other and shook hands without knowing who.

Mændene greb fat i hinanden og gav hånd uden at vide hvem.

The whole crowd buzzed in wild, joyful celebration.

Hele mængden summede af vild, glædelig jubel.

Thornton dropped to his knees beside Buck with trembling hands.

Thornton faldt på knæ ved siden af Buck med rystende hænder.

He pressed his head to Buck's and shook him gently back and forth.

Han pressede sit hoved mod Bucks og rystede ham blidt frem og tilbage.

Those who approached heard him curse the dog with quiet love.

De, der nærmede sig, hørte ham forbande hunden med stille kærlighed.

He swore at Buck for a long time—softly, warmly, with emotion.

Han bandede længe ad Buck – sagte, varmt og følelsesladet.

"Good, sir! Good, sir!" cried the Skookum Bench king in a rush.

"Godt, hr.! Godt, hr.!" udbrød Skookum-bænkens konge i en fart.

"I'll give you a thousand—no, twelve hundred—for that dog, sir!"

"Jeg giver Dem tusind – nej, tolv hundrede – for den hund, hr.!"

Thornton rose slowly to his feet, his eyes shining with emotion.

Thornton rejste sig langsomt, hans øjne strålede af følelser.

Tears streamed openly down his cheeks without any shame.
Tårer strømmede åbenlyst ned ad hans kinder uden nogen skam.

"Sir," he said to the Skookum Bench king, steady and firm
"Herre," sagde han til kongen af Skookum-bænken, rolig og fast

"No, sir. You can go to hell, sir. That's my final answer."
"Nej, hr. De kan gå ad helvede til, hr. Det er mit endelige svar."

Buck grabbed Thornton's hand gently in his strong jaws.
Buck greb forsigtigt Thorntons hånd med sine stærke kæber.

Thornton shook him playfully, their bond deep as ever.
Thornton rystede ham legende, deres bånd var så dybt som altid.

The crowd, moved by the moment, stepped back in silence.
Publikum, bevæget af øjeblikket, trådte tilbage i stilhed.

From then on, none dared interrupt such sacred affection.
Fra da af turde ingen afbryde en sådan hellig hengivenhed.

The Sound of the Call
Lyden af kaldet

Buck had earned sixteen hundred dollars in five minutes.
Buck havde tjent seksten hundrede dollars på fem minutter.

The money let John Thornton pay off some of his debts.
Pengene gjorde det muligt for John Thornton at betale noget af sin gæld af.

With the rest of the money he headed East with his partners.
Med resten af pengene drog han østpå med sine partnere.

They sought a fabled lost mine, as old as the country itself.
De ledte efter en sagnomspunden, forsvundet mine, lige så gammel som landet selv.

Many men had looked for the mine, but few had ever found it.
Mange mænd havde ledt efter minen, men få havde nogensinde fundet den.

More than a few men had vanished during the dangerous quest.
Mere end et par mænd var forsvundet under den farlige søgen.

This lost mine was wrapped in both mystery and old tragedy.
Denne tabte mine var indhyllet i både mystik og gammel tragedie.

No one knew who the first man to find the mine had been.
Ingen vidste, hvem den første mand, der fandt minen, havde været.

The oldest stories don't mention anyone by name.
De ældste historier nævner ingen ved navn.

There had always been an ancient ramshackle cabin there.
Der havde altid stået en gammel, faldefærdig hytte der.

Dying men had sworn there was a mine next to that old cabin.
Døende mænd havde svoret, at der var en mine ved siden af den gamle hytte.

They proved their stories with gold like none found
elsewhere.

De beviste deres historier med guld som intet andetsteds.

No living soul had ever looted the treasure from that place.

Ingen levende sjæl havde nogensinde plyndret skatten fra det
sted.

The dead were dead, and dead men tell no tales.

De døde var døde, og døde mænd fortæller ingen historier.

So Thornton and his friends headed into the East.

Så drog Thornton og hans venner mod øst.

Pete and Hans joined, bringing Buck and six strong dogs.

Pete og Hans sluttede sig til, og medbragte Buck og seks
stærke hunde.

They set off down an unknown trail where others had
failed.

De begav sig ud ad en ukendt sti, hvor andre havde fejlet.

They sledded seventy miles up the frozen Yukon River.

De kælkede halvfems kilometer op ad den frosne Yukon-flod.

They turned left and followed the trail into the Stewart.

De drejede til venstre og fulgte stien ind i Stewart-floden.

They passed the Mayo and McQuestion, pressing farther on.

De passerede Mayo og McQuestion og fortsatte videre.

The Stewart shrank into a stream, threading jagged peaks.

Stewart-floden skrumpede ind i en strøm og trådte sig langs
takkede tinder.

These sharp peaks marked the very spine of the continent.

Disse skarpe tinder markerede selve kontinentets rygsøjle.

John Thornton demanded little from men or the wild land.

John Thornton krævede ikke meget af mændene eller det vilde
land.

He feared nothing in nature and faced the wild with ease.

Han frygtede intet i naturen og mødte vildmarken med lethed.

With only salt and a rifle, he could travel where he wished.

Med kun salt og en riffel kunne han rejse, hvorhen han ville.

Like the natives, he hunted food while he journeyed along.

Ligesom de indfødte jagtede han mad, mens han rejste.

If he caught nothing, he kept going, trusting luck ahead.

Hvis han ikke fangede noget, fortsatte han og stolede på heldet.

On this long journey, meat was the main thing they ate.

På denne lange rejse var kød det vigtigste, de spiste.

The sled held tools and ammo, but no strict timetable.

Slæden indeholdt værktøj og ammunition, men ingen fast tidsplan.

Buck loved this wandering; the endless hunt and fishing.

Buck elskede denne vandring; den endeløse jagt og fiskeri.

For weeks they were traveling day after steady day.

I ugevis rejste de dag efter dag.

Other times they made camps and stayed still for weeks.

Andre gange slog de lejre og blev stille i ugevis.

The dogs rested while the men dug through frozen dirt.

Hundene hvilede sig, mens mændene gravede gennem den frosne jord.

They warmed pans over fires and searched for hidden gold.

De varmede pander over bål og ledte efter skjult guld.

Some days they starved, and some days they had feasts.

Nogle dage sultede de, og andre dage holdt de fester.

Their meals depended on the game and the luck of the hunt.

Deres måltider afhang af vildtet og jagtens held.

When summer came, men and dogs packed loads on their backs.

Da sommeren kom, pakket mænd og hunde byrder på ryggen.

They rafted across blue lakes hidden in mountain forests.

De sejlede med rafting over blå søer gemt i bjergskove.

They sailed slim boats on rivers no man had ever mapped.

De sejlede slanke både på floder, som intet menneske nogensinde havde kortlagt.

Those boats were built from trees they sawed in the wild.

Disse både blev bygget af træer, de savede i naturen.

The months passed, and they twisted through the wild unknown lands.

Månederne gik, og de snoede sig gennem de vilde, ukendte lande.

There were no men there, yet old traces hinted that men had been.

Der var ingen mænd der, men gamle spor antydede, at der havde været mænd.

If the Lost Cabin was real, then others had once come this way.

Hvis Den Forsvundne Hytte var virkelig, så var andre engang kommet denne vej.

They crossed high passes in blizzards, even during the summer.

De krydsede høje pas i snestorme, selv om sommeren.

They shivered under the midnight sun on bare mountain slopes.

De rystede under midnatssolen på bare bjergskråninger.

Between the treeline and the snowfields, they climbed slowly.

Mellem trægrænsen og snemarkerne klatrede de langsomt.

In warm valleys, they swatted at clouds of gnats and flies.

I varme dale slog de efter skyer af myg og fluer.

They picked sweet berries near glaciers in full summer bloom.

De plukkede søde bær nær gletsjere i fuldt sommerblomst.

The flowers they found were as lovely as those in the Southland.

Blomsterne, de fandt, var lige så smukke som dem i Sydlandet.

That fall they reached a lonely region filled with silent lakes.

Det efterår nåede de et ensomt område fyldt med stille søer.

The land was sad and empty, once alive with birds and beasts.

Landet var trist og tomt, engang levende med fugle og dyr.

Now there was no life, just the wind and ice forming in pools.

Nu var der intet liv, kun vinden og isen, der dannede sig i vandhuller.

Waves lapped against empty shores with a soft, mournful sound.

Bølger skvulpede mod tomme kyster med en blød, sørgmodig lyd.

Another winter came, and they followed faint, old trails again.

Endnu en vinter kom, og de fulgte igen svage, gamle stier.

These were the trails of men who had searched long before them.

Dette var sporene fra mænd, der havde ledt længe før dem.

Once they found a path cut deep into the dark forest.

Engang fandt de en sti, der var hugget dybt ind i den mørke skov.

It was an old trail, and they felt the lost cabin was close.

Det var en gammel sti, og de følte, at den forsvundne hytte var tæt på.

But the trail led nowhere and faded into the thick woods.

Men stien førte ingen steder hen og forsvandt ind i den tætte skov.

Whoever made the trail, and why they made it, no one knew.

Hvem der end lavede stien, og hvorfor de lavede den, vidste ingen.

Later, they found the wreck of a lodge hidden among the trees.

Senere fandt de vraget af en hytte gemt blandt træerne.

Rotting blankets lay scattered where someone once had slept.

Rådnende tæpper lå spredt, hvor nogen engang havde sovet.

John Thornton found a long-barreled flintlock buried inside.

John Thornton fandt en flintlås med lang løb begravet indeni.

He knew this was a Hudson Bay gun from early trading days.

Han vidste, at dette var en Hudson Bay-kanon fra de tidlige handelsdage.

In those days such guns were traded for stacks of beaver
skins.
Dengang blev sådanne kanoner byttet for stakke af
bæverskind.
That was all—no clue remained of the man who built the
lodge.
Det var alt – der var intet spor tilbage af manden, der havde
bygget hytten.

Spring came again, and they found no sign of the Lost
Cabin.
Foråret kom igen, og de fandt intet tegn på den forsvundne
hytte.
Instead they found a broad valley with a shallow stream.
I stedet fandt de en bred dal med en lavvandet bæk.
Gold lay across the pan bottoms like smooth, yellow butter.
Guld lå på tværs af pandebundene som glat, gult smør.
They stopped there and searched no farther for the cabin.
De stoppede der og ledte ikke længere efter hytten.
Each day they worked and found thousands in gold dust.
Hver dag arbejdede de og fandt tusindvis i guldstøv.
They packed the gold in bags of moose-hide, fifty pounds
each.
De pakkede guldet i sække med elgskind, halvtreds pund
hver.
The bags were stacked like firewood outside their small
lodge.
Taskerne var stablet som brænde uden for deres lille hytte.
They worked like giants, and the days passed like quick
dreams.
De arbejdede som kæmper, og dagene gik som hurtige
drømme.
They heaped up treasure as the endless days rolled swiftly
by.
De samlede skatte, mens de endeløse dage gik hurtigt forbi.
There was little for the dogs to do except haul meat now and
then.

Der var ikke meget for hundene at lave udover at slæbe kød i
ny og næ.

**Thornton hunted and killed the game, and Buck lay by the
fire.**

Thornton jagede og dræbte vildtet, og Buck lå ved bålet.

He spent long hours in silence, lost in thought and memory.

Han tilbragte lange timer i stilhed, fortabt i tanker og
erindring.

**The image of the hairy man came more often into Buck's
mind.**

Billedet af den behårede mand kom oftere ind i Bucks sind.

**Now that work was scarce, Buck dreamed while blinking at
the fire.**

Nu hvor arbejdet var knapt, drømte Buck, mens han blinkede
mod ilden.

**In those dreams, Buck wandered with the man in another
world.**

I disse drømme vandrede Buck med manden i en anden
verden.

Fear seemed the strongest feeling in that distant world.

Frygt syntes at være den stærkeste følelse i den fjerne verden.

Buck saw the hairy man sleep with his head bowed low.

Buck så den behårede mand sove med bøjet hoved.

**His hands were clasped, and his sleep was restless and
broken.**

Hans hænder var foldede, og hans søvn var urolig og afbrudt.

**He used to wake with a start and stare fearfully into the
dark.**

Han plejede at vågne med et sæt og stirre frygtsomt ud i
mørket.

**Then he'd toss more wood onto the fire to keep the flame
bright.**

Så kastede han mere brænde på bålet for at holde flammen lys.

Sometimes they walked along a beach by a gray, endless sea.

Nogle gange gik de langs en strand ved et gråt, endeløst hav.

The hairy man picked shellfish and ate them as he walked.

Den behårede mand plukkede skaldyr og spiste dem, mens han gik.

His eyes searched always for hidden dangers in the shadows.

Hans øjne søgte altid efter skjulte farer i skyggerne.

His legs were always ready to sprint at the first sign of threat.

Hans ben var altid klar til at spurte ved det første tegn på trussel.

They crept through the forest, silent and wary, side by side.

De sneg sig gennem skoven, tavse og vagtsomme, side om side.

Buck followed at his heels, and both of them stayed alert.

Buck fulgte efter ham, og de forblev begge årvågne.

Their ears twitched and moved, their noses sniffed the air.

Deres ører dirrede og bevægede sig, deres næser snusede i luften.

The man could hear and smell the forest as sharply as Buck.

Manden kunne høre og lugte skoven lige så skarpt som Buck.

The hairy man swung through the trees with sudden speed.

Den behårede mand svingede sig gennem træerne med pludselig fart.

He leapt from branch to branch, never missing his grip.

Han sprang fra gren til gren uden at miste grebet.

He moved as fast above the ground as he did upon it.

Han bevægede sig lige så hurtigt over jorden, som han gjorde på den.

Buck remembered long nights beneath the trees, keeping watch.

Buck huskede de lange nætter under træerne, hvor han holdt vagt.

The man slept roosting in the branches, clinging tight.

Manden sov og hvilede i grenene og klamrede sig fast til den.

This vision of the hairy man was tied closely to the deep call.

Denne vision af den behårede mand var tæt knyttet til det dybe kald.

The call still sounded through the forest with haunting force.

Kaldet lød stadig gennem skoven med hjemsøgende kraft.

The call filled Buck with longing and a restless sense of joy.

Opkaldet fyldte Buck med længsel og en rastløs følelse af glæde.

He felt strange urges and stirrings that he could not name.

Han følte mærkelige drifter og bevægelser, som han ikke kunne navngive.

Sometimes he followed the call deep into the quiet woods.

Nogle gange fulgte han kaldet dybt ind i den stille skov.

He searched for the calling, barking softly or sharply as he went.

Han ledte efter kaldet, gøende sagte eller skarpt, mens han gik.

He sniffed the moss and black soil where the grasses grew.

Han snusede til mosset og den sorte jord, hvor græsserne voksede.

He snorted with delight at the rich smells of the deep earth.

Han fnøs af fryd over de fyldige dufte fra den dybe jord.

He crouched for hours behind trunks covered in fungus.

Han krøb sammen i timevis bag stammer dækket af svamp.

He stayed still, listening wide-eyed to every tiny sound.

Han blev stående stille og lyttede med vidtåbne øjne til hver eneste lille lyd.

He may have hoped to surprise the thing that gave the call.

Han håbede måske at overraske den ting, der kaldte.

He did not know why he acted this way—he simply did.

Han vidste ikke, hvorfor han opførte sig sådan – han gjorde det simpelthen.

The urges came from deep within, beyond thought or reason.

Trangen kom dybt indefra, hinsides tanke eller fornuft.

Irresistible urges took hold of Buck without warning or reason.

Uimodståelige lyster greb Buck uden varsel eller grund.

At times he was dozing lazily in camp under the midday heat.

Til tider døsede han dovent i lejren i middagsheden.

Suddenly, his head lifted and his ears shoot up alert.

Pludselig løftede han hovedet, og hans ører skød vagtsomt op.

Then he sprang up and dash into the wild without pause.

Så sprang han op og styrtede ud i vildmarken uden at tøve.

He ran for hours through forest paths and open spaces.

Han løb i timevis gennem skovstier og åbne vidder.

He loved to follow dry creek beds and spy on birds in the trees.

Han elskede at følge tørre bæklejer og spionere på fugle i træerne.

He could lie hidden all day, watching partridges strut around.

Han kunne ligge gemt hele dagen og se agerhønsene spankulere rundt.

They drummed and marched, unaware of Buck's still presence.

De trommet og marcherede, uvidende om Bucks stadige tilstedeværelse.

But what he loved most was running at twilight in summer.

Men det han elskede mest var at løbe i skumringen om sommeren.

The dim light and sleepy forest sounds filled him with joy.

Det svage lys og de søvnige skovlyde fyldte ham med glæde.

He read the forest signs as clearly as a man reads a book.

Han læste skovens tegn lige så tydeligt, som en mand læser en bog.

And he searched always for the strange thing that called him.

Og han ledte altid efter den mærkelige ting, der kaldte på ham.

That calling never stopped—it reached him waking or sleeping.

Det kald holdt aldrig op – det nåede ham, uanset om han var vågen eller sovende.

One night, he woke with a start, eyes sharp and ears high.

En nat vågnede han med et sæt, med skarpe øjne og høje ører.

His nostrils twitched as his mane stood bristling in waves.

Hans næsebor dirrede, mens hans manke stod og strittede i bølger.

From deep in the forest came the sound again, the old call.

Fra dybt inde i skoven kom lyden igen, det gamle kald.

This time the sound rang clearly, a long, haunting, familiar howl.

Denne gang lød lyden tydeligt, et langt, uhyggeligt, velkendt hyl.

It was like a husky's cry, but strange and wild in tone.

Det var som en huskys skrig, men mærkelig og vild i tonen.

Buck knew the sound at once — he had heard the exact sound long ago.

Buck genkendte lyden med det samme – han havde hørt den præcise lyd for længe siden.

He leapt through camp and vanished swiftly into the woods.

Han sprang gennem lejren og forsvandt hurtigt ind i skoven.

As he neared the sound, he slowed and moved with care.

Da han nærmede sig lyden, sænkede han farten og bevægede sig forsigtigt.

Soon he reached a clearing between thick pine trees.

Snart nåede han en lysning mellem tætte fyrretræer.

There, upright on its haunches, sat a tall, lean timber wolf.

Der, oprejst på hug, sad en høj, mager skovulv.

The wolf's nose pointed skyward, still echoing the call.

Ulvens snude pegede mod himlen og gentog stadig kaldet.

Buck had made no sound, yet the wolf stopped and listened.

Buck havde ikke sagt nogen lyd, men ulven stoppede og lyttede.

Sensing something, the wolf tensed, searching the darkness.

Ulven fornemmede noget, spændte sig op og ledte i mørket.

Buck crept into view, body low, feet quiet on the ground.

Buck sneg sig til syne med lav krop og fødderne rolige på jorden.

His tail was straight, his body coiled tight with tension.
Hans hale var lige, hans krop stramt sammenrullet af
spænding.
He showed both threat and a kind of rough friendship.
Han viste både trussel og en slags hårdt venskab.
It was the wary greeting shared by beasts of the wild.
Det var den forsigtige hilsen, som vilde dyr delte.
But the wolf turned and fled as soon as it saw Buck.
Men ulven vendte sig om og flygtede, så snart den så Buck.
Buck gave chase, leaping wildly, eager to overtake it.
Buck satte efter den, sprang vildt, ivrig efter at indhente den.
**He followed the wolf into a dry creek blocked by a timber
jam.**
Han fulgte ulven ind i en tør bæk, der var blokeret af en
tømmerprop.
Cornered, the wolf spun around and stood its ground.
Indespærret snurrede ulven rundt og stod fast.
**The wolf snarled and snapped like a trapped husky dog in a
fight.**
Ulven knurrede og snappede som en fanget husky hund i et
slagsmål.
**The wolf's teeth clicked fast, its body bristling with wild
fury.**
Ulvens tænder klikkede hurtigt, dens krop strittede af vild
raseri.
**Buck did not attack but circled the wolf with careful
friendliness.**
Buck angreb ikke, men gik omkredset omkring ulven med
omhyggelig venlighed.
He tried to block his escape by slow, harmless movements.
Han forsøgte at blokere sin flugt med langsomme, harmløse
bevægelser.
**The wolf was wary and scared—Buck outweighed him three
times.**
Ulven var vagtsom og bange – Buck var tre gange stærkere
end ham.

The wolf's head barely reached up to Buck's massive shoulder.

Ulvens hoved nåede knap nok op til Bucks massive skulder.

Watching for a gap, the wolf bolted and the chase began again.

Ulven spejdede efter et hul, flygtede, og jagten begyndte igen.

Several times Buck cornered him, and the dance repeated.

Flere gange trængte Buck ham op i et hjørne, og dansen gentog sig.

The wolf was thin and weak, or Buck could not have caught him.

Ulven var tynd og svag, ellers kunne Buck ikke have fanget ham.

Each time Buck drew near, the wolf spun and faced him in fear.

Hver gang Buck kom tættere på, snurrede ulven rundt og vendte sig mod ham i frygt.

Then at the first chance, he dashed off into the woods once more.

Så ved første chance skyndte han sig ind i skoven igen.

But Buck did not give up, and finally the wolf came to trust him.

Men Buck gav ikke op, og endelig kom ulven til at stole på ham.

He sniffed Buck's nose, and the two grew playful and alert.

Han snøftede Bucks næse, og de to blev legesyge og årvågne.

They played like wild animals, fierce yet shy in their joy.

De legede som vilde dyr, vilde, men generte i deres glæde.

After a while, the wolf trotted off with calm purpose.

Efter et stykke tid travede ulven afsted med roligt og beslutsomt mål.

He clearly showed Buck that he meant to be followed.

Han viste tydeligt Buck, at han ville følges efter.

They ran side by side through the twilight gloom.

De løb side om side gennem tusmørket.

They followed the creek bed up into the rocky gorge.

De fulgte åens leje op i den klippefyldte kløft.

They crossed a cold divide where the stream had begun.
De krydsede en kold kløft, hvor strømmen var begyndt.
On the far slope they found wide forest and many streams.
På den fjerne skråning fandt de en vidtstrakt skov og mange
vandløb.
Through this vast land, they ran for hours without stopping.
Gennem dette vidtstrakte land løb de i timevis uden at stoppe.
The sun rose higher, the air grew warm, but they ran on.
Solen stod højere op, luften blev varm, men de løb videre.
**Buck was filled with joy — he knew he was answering his
calling.**
Buck var fyldt med glæde – han vidste, at han besvarede sit
kald.
He ran beside his forest brother, closer to the call's source.
Han løb ved siden af sin skovbror, tættere på kaldet.
Old feelings returned, powerful and hard to ignore.
Gamle følelser vendte tilbage, stærke og svære at ignorere.
These were the truths behind the memories from his dreams.
Dette var sandhederne bag minderne fra hans drømme.
He had done all this before in a distant and shadowy world.
Han havde gjort alt dette før i en fjern og skyggefuld verden.
**Now he did this again, running wild with the open sky
above.**
Nu gjorde han det igen, løb vild med den åbne himmel
ovenover.
**They stopped at a stream to drink from the cold flowing
water.**
De stoppede ved en bæk for at drikke af det kolde,
strømmende vand.
As he drank, Buck suddenly remembered John Thornton.
Mens han drak, huskede Buck pludselig John Thornton.
**He sat down in silence, torn by the pull of loyalty and the
calling.**
Han satte sig ned i stilhed, splittet af loyalitetens og kaldelsens
tiltrækningskraft.
The wolf trotted on, but came back to urge Buck forward.

Ulven travede videre, men kom tilbage for at anspore Buck
frem.

He sniffed his nose and tried to coax him with soft gestures.

Han snøftede til næsen og forsøgte at lokke ham med blide
gestus.

But Buck turned around and started back the way he came.

Men Buck vendte sig om og begyndte at gå tilbage den vej,
han kom fra.

The wolf ran beside him for a long time, whining quietly.

Ulven løb ved siden af ham i lang tid og klynkede stille.

Then he sat down, raised his nose, and let out a long howl.

Så satte han sig ned, løftede næsen og udstødte et langt hyl.

It was a mournful cry, softening as Buck walked away.

Det var et sørgmodigt skrig, der blev blødere, da Buck gik
væk.

**Buck listened as the sound of the cry faded slowly into the
forest silence.**

Buck lyttede, mens lyden af råbet langsomt forsvandt ind i
skovens stilhed.

**John Thornton was eating dinner when Buck burst into the
camp.**

John Thornton spiste aftensmad, da Buck brasede ind i lejren.

**Buck leapt upon him wildly, licking, biting, and tumbling
him.**

Buck sprang vildt på ham, slikkede, bed og væltede ham.

He knocked him over, scrambled on top, and kissed his face.

Han væltede ham omkuld, kravlede ovenpå og kyssede ham i
ansigtet.

**Thornton called this "playing the general tom-fool" with
affection.**

Thornton kaldte dette at "spille den generelle nar" med
hengivenhed.

**All the while, he cursed Buck gently and shook him back
and forth.**

Hele tiden forbandede han blidt Buck og rystede ham frem og
tilbage.

For two whole days and nights, Buck never left the camp once.

I to hele dage og nætter forlod Buck ikke lejren én eneste gang.

He kept close to Thornton and never let him out of his sight.

Han holdt sig tæt til Thornton og lod ham aldrig ud af syne.

He followed him as he worked and watched him while he ate.

Han fulgte ham, mens han arbejdede, og holdt øje med ham, mens han spiste.

He saw Thornton into his blankets at night and out each morning.

Han så Thornton ned i sine tæpper om natten og ude hver morgen.

But soon the forest call returned, louder than ever before.

Men snart vendte skovens kalden tilbage, højere end nogensinde før.

Buck grew restless again, stirred by thoughts of the wild wolf.

Buck blev rastløs igen, oprørt af tanker om den vilde ulv.

He remembered the open land and running side by side.

Han huskede det åbne land og det at løbe side om side.

He began wandering into the forest once more, alone and alert.

Han begyndte at vandre ind i skoven endnu engang, alene og årvågen.

But the wild brother did not return, and the howl was not heard.

Men den vilde bror vendte ikke tilbage, og hylet blev ikke hørt.

Buck started sleeping outside, staying away for days at a time.

Buck begyndte at sove udenfor og blev væk i dagevis.

Once he crossed the high divide where the creek had begun.

Engang krydsede han den høje kløft, hvor bækken var startet.

He entered the land of dark timber and wide flowing streams.

Han kom ind i landet med mørkt træ og brede, strømmende vandløb.

For a week he roamed, searching for signs of the wild brother.

I en uge strejfede han rundt og ledte efter tegn på den vilde bror.

He killed his own meat and travelled with long, tireless strides.

Han dræbte sit eget kød og rejste med lange, utrættelige skridt.

He fished for salmon in a wide river that reached the sea.

Han fiskede efter laks i en bred flod, der nåede ud til havet.

There, he fought and killed a black bear maddened by bugs.

Der kæmpede han mod og dræbte en sort bjørn, der var vanvittig af insekter.

The bear had been fishing and ran blindly through the trees.

Bjørnen havde været ude at fiske og løb i blinde gennem træerne.

The battle was a fierce one, waking Buck's deep fighting spirit up.

Kampen var hård og vækkede Bucks dybe kampgejst.

Two days later, Buck returned to find wolverines at his kill.

To dage senere vendte Buck tilbage og fandt jerv ved sit byg.

A dozen of them quarreled over the meat in noisy fury.

Et dusin af dem skændtes om kødet i larmende raseri.

Buck charged and scattered them like leaves in the wind.

Buck angreb og spredte dem som blade i vinden.

Two wolves remained behind—silent, lifeless, and unmoving forever.

To ulve blev tilbage – tavse, livløse og ubevægelige for evigt.

The thirst for blood grew stronger than ever.

Tørsten efter blod blev stærkere end nogensinde.

Buck was a hunter, a killer, feeding off living creatures.

Buck var en jæger, en morder, der levede af levende væsner.

He survived alone, relying on his strength and sharp senses.

Han overlevede alene, idet han stolede på sin styrke og skarpe sanser.

He thrived in the wild, where only the toughest could live.

Han trivedes i naturen, hvor kun de mest seje kunne leve.

From this, a great pride rose up and filled Buck's whole being.

Fra dette rejste en stor stolthed sig og fyldte hele Bucks væsen.

His pride showed in his every step, in the ripple of every muscle.

Hans stolthed viste sig i hvert eneste skridt, i bølgen i hver en muskel.

His pride was as clear as speech, seen in how he carried himself.

Hans stolthed var lige så tydelig som tale, hvilket fremgik af, hvordan han opførte sig.

Even his thick coat looked more majestic and gleamed brighter.

Selv hans tykke pels så mere majestætisk ud og glimtede klarere.

Buck could have been mistaken for a giant timber wolf.

Buck kunne være blevet forvekslet med en kæmpe skovulv.

Except for brown on his muzzle and spots above his eyes.

Bortset fra brunt på snuden og pletter over øjnene.

And the white streak of fur that ran down the middle of his chest.

Og den hvide pelsstribe, der løb ned langs midten af hans bryst.

He was even larger than the biggest wolf of that fierce breed.

Han var endda større end den største ulv af den vilde race.

His father, a St. Bernard, gave him size and heavy frame.

Hans far, en sanktbernhardshund, gav ham størrelse og en tung kropsbygning.

His mother, a shepherd, shaped that bulk into wolf-like form.

Hans mor, en hyrde, formede den masse til en ulvelignende form.

He had the long muzzle of a wolf, though heavier and broader.

Han havde en ulvs lange snude, dog tungere og bredere.

His head was a wolf's, but built on a massive, majestic scale.

Hans hoved var en ulves, men bygget i en massiv, majestætisk skala.

Buck's cunning was the cunning of the wolf and of the wild.

Bucks snuhed var ulvens og vildmarkens snuhed.

His intelligence came from both the German Shepherd and St. Bernard.

Hans intelligens kom fra både schæferhunden og sanktbernhardshunden.

All this, plus harsh experience, made him a fearsome creature.

Alt dette, plus barske erfaringer, gjorde ham til en frygtindgydende skabning.

He was as formidable as any beast that roamed the northern wild.

Han var lige så frygtindgydende som ethvert andet dyr, der strejfede rundt i den nordlige vildmark.

Living only on meat, Buck reached the full peak of his strength.

Buck levede udelukkende af kød og nåede sit fulde højdepunkt.

He overflowed with power and male force in every fiber of him.

Han flød over af magt og maskulin styrke i hver en fiber af sig.

When Thornton stroked his back, the hairs sparked with energy.

Da Thornton strøg ham over ryggen, funklede hårene af energi.

Each hair crackled, charged with the touch of living magnetism.

Hvert hår knitrede, ladet med en berøring af levende magnetisme.

His body and brain were tuned to the finest possible pitch.

Hans krop og hjerne var indstillet til den finest mulige tonehøjde.

Every nerve, fiber, and muscle worked in perfect harmony.

Hver nerve, fiber og muskel arbejdede i perfekt harmoni.

To any sound or sight needing action, he responded instantly.

På enhver lyd eller syn, der krævede handling, reagerede han øjeblikkeligt.

If a husky leaped to attack, Buck could leap twice as fast.

Hvis en husky sprang for at angribe, kunne Buck springe dobbelt så hurtigt.

He reacted quicker than others could even see or hear.

Han reagerede hurtigere, end andre overhovedet kunne se eller høre.

Perception, decision, and action all came in one fluid moment.

Opfattelse, beslutning og handling kom alle i ét flydende øjeblik.

In truth, these acts were separate, but too fast to notice.

I sandhed var disse handlinger separate, men for hurtige til at blive bemærket.

So brief were the gaps between these acts, they seemed as one.

Så korte var mellemrummene mellem disse handlinger, at de syntes som én.

His muscles and being was like tightly coiled springs.

Hans muskler og væsen var som tæt sammenkrøllede fjedre.

His body surged with life, wild and joyful in its power.

Hans krop sprudlede af liv, vild og glædesfyldt i sin kraft.

At times he felt like the force was going to burst out of him entirely.

Til tider følte han, at kraften ville bryde fuldstændigt ud af ham.

"Never was there such a dog," Thornton said one quiet day.

"Der har aldrig været sådan en hund," sagde Thornton en stille dag.

The partners watched Buck striding proudly from the camp.

Partnerne så Buck stolt skridte ud af lejren.

"When he was made, he changed what a dog can be," said Pete.

"Da han blev skabt, ændrede han, hvad en hund kan være,"
sagde Pete.

"By Jesus! I think so myself," Hans quickly agreed.

"Ved Jesus! Det tror jeg selv," svarede Hans hurtigt.

They saw him march off, but not the change that came after.

De så ham marchere væk, men ikke den forandring, der kom
efter.

**As soon as he entered the woods, Buck transformed
completely.**

Så snart han kom ind i skoven, forvandlede Buck sig
fuldstændigt.

**He no longer marched, but moved like a wild ghost among
trees.**

Han marcherede ikke længere, men bevægede sig som et vildt
spøgelse blandt træer.

**He became silent, cat-footed, a flicker passing through
shadows.**

Han blev tavs, med kattefødder, et glimt der gled gennem
skyggerne.

He used cover with skill, crawling on his belly like a snake.

Han dækkede sig med dygtighed og kravlede på maven som
en slange.

**And like a snake, he could leap forward and strike in
silence.**

Og ligesom en slange kunne han springe frem og slå til i
stilhed.

He could steal a ptarmigan straight from its hidden nest.

Han kunne stjæle en rype direkte fra dens skjulte rede.

He killed sleeping rabbits without a single sound.

Han dræbte sovende kaniner uden en eneste lyd.

He could catch chipmunks midair as they fled too slowly.

Han kunne fange jordegernene midt i luften, da de flygtede
for langsomt.

Even fish in pools could not escape his sudden strikes.

Selv fisk i damme kunne ikke undslippe hans pludselige
angreb.

Not even clever beavers fixing dams were safe from him.

Selv ikke kloge bævere, der reparerede dæmninger, var sikre
for ham.

He killed for food, not for fun—but liked his own kills best.

Han dræbte for mad, ikke for sjov – men kunne bedst lide sine
egne drab.

Still, a sly humor ran through some of his silent hunts.

Alligevel løb der en snedig humor gennem nogle af hans stille
jagter.

He crept up close to squirrels, only to let them escape.

Han sneg sig tæt på egern, kun for at lade dem undslippe.

**They were going to flee to the trees, chattering in fearful
outrage.**

De ville flygte til træerne, mens de snakkede i frygtsom
forargelse.

As fall came, moose began to appear in greater numbers.

Da efteråret kom, begyndte elge at dukke op i større antal.

They moved slowly into the low valleys to meet the winter.

De bevægede sig langsomt ind i de lave dale for at møde
vinteren.

Buck had already brought down one young, stray calf.

Buck havde allerede nedlagt en ung, vildfaren kalv.

But he longed to face larger, more dangerous prey.

Men han længtes efter at stå over for større og farligere bytte.

**One day on the divide, at the creek's head, he found his
chance.**

En dag på kløften, ved bækkens udspring, fandt han sin
chance.

A herd of twenty moose had crossed from forested lands.

En flok på tyve elge var krydset over fra skovområder.

Among them was a mighty bull; the leader of the group.

Blandt dem var en mægtig tyr; gruppens leder.

The bull stood over six feet tall and looked fierce and wild.

Tyren var over to meter høj og så vild og voldsom ud.

**He tossed his wide antlers, fourteen points branching
outward.**

Han kastede sine brede gevirer, fjorten spidser forgrenede sig
udad.

The tips of those antlers stretched seven feet across.
Spidserne af disse gevirer strakte sig syv fod i diameter.
His small eyes burned with rage as he spotted Buck nearby.
Hans små øjne brændte af raseri, da han fik øje på Buck i
nærheden.
He let out a furious roar, trembling with fury and pain.
Han udstødte et rasende brøl, rystende af raseri og smerte.
An arrow-end stuck out near his flank, feathered and sharp.
En pilespids stak ud nær hans flanke, fjerklædt og skarp.
This wound helped explain his savage, bitter mood.
Dette sår var med til at forklare hans vilde, bitre humør.
Buck, guided by ancient hunting instinct, made his move.
Buck, styret af ældgammel jagtinstinkt, gjorde sit træk.
He aimed to separate the bull from the rest of the herd.
Han havde til formål at adskille tyren fra resten af flokken.
This was no easy task—it took speed and fierce cunning.
Det var ingen nem opgave – det krævede hurtighed og vild
list.
He barked and danced near the bull, just out of range.
Han gøede og dansede nær tyren, lige uden for rækkevidde.
The moose lunged with huge hooves and deadly antlers.
Elgen forsvandt med enorme hove og dødbringende gevirer.
One blow could have ended Buck's life in a heartbeat.
Et slag kunne have afsluttet Bucks liv på et splitsekund.
Unable to leave the threat behind, the bull grew mad.
Da tyren ikke kunne lægge truslen bag sig, blev den rasende.
He charged in fury, but Buck always slipped away.
Han angreb i raseri, men Buck smuttede altid væk.
Buck faked weakness, luring him farther from the herd.
Buck foregav svaghed og lokkede ham længere væk fra
flokken.
**But young bulls were going to charge back to protect the
leader.**
Men unge tyre ville storme tilbage for at beskytte lederen.
They forced Buck to retreat and the bull to rejoin the group.
De tvang Buck til at trække sig tilbage og tyren til at slutte sig
til gruppen igen.

There is a patience in the wild, deep and unstoppable.

Der er en tålmodighed i det vilde, dyb og ustoppelig.

A spider waits motionless in its web for countless hours.

En edderkop venter ubevægelig i sit spind i utallige timer.

A snake coils without twitching, and waits till it is time.

En slange snor sig uden at rykke og venter, indtil tiden er inde.

A panther lies in ambush, until the moment arrives.

En panter ligger i baghold, indtil øjeblikket oprinder.

This is the patience of predators who hunt to survive.

Dette er tålmodigheden hos rovdyr, der jager for at overleve.

That same patience burned inside Buck as he stayed close.

Den samme tålmodighed brændte i Buck, mens han blev tæt på.

He stayed near the herd, slowing its march and stirring fear.

Han blev i nærheden af flokken, bremsede dens march og vakte frygt.

He teased the young bulls and harassed the mother cows.

Han drillede de unge tyre og chikanerede moderkøerne.

He drove the wounded bull into a deeper, helpless rage.

Han drev den sårede tyr ud i et dybere, hjælpeløst raseri.

For half a day, the fight dragged on with no rest at all.

I en halv dag trak kampen ud uden nogen hvile overhovedet.

Buck attacked from every angle, fast and fierce as wind.

Buck angreb fra alle vinkler, hurtigt og voldsomt som vinden.

He kept the bull from resting or hiding with its herd.

Han forhindrede tyren i at hvile sig eller gemme sig sammen med sin flok.

Buck wore down the moose's will faster than its body.

Buck udmattede elgens vilje hurtigere end dens krop.

The day passed and the sun sank low in the northwest sky.

Dagen gik, og solen sank lavt på den nordvestlige himmel.

The young bulls returned more slowly to help their leader.

De unge tyre vendte langsommere tilbage for at hjælpe deres leder.

Fall nights had returned, and darkness now lasted six hours.

Efterårsnætterne var vendt tilbage, og mørket varede nu seks timer.

Winter was pressing them downhill into safer, warmer valleys.

Vinteren pressede dem ned ad bakke ned i sikrere, varmere dale.

But still they couldn't escape the hunter that held them back.

Men de kunne stadig ikke undslippe jægeren, der holdt dem tilbage.

Only one life was at stake—not the herd's, just their leader's.

Kun ét liv stod på spil – ikke flokkens, kun deres leders.

That made the threat distant and not their urgent concern.

Det gjorde truslen fjern og ikke deres presserende bekymring.

In time, they accepted this cost and let Buck take the old bull.

Med tiden accepterede de denne pris og lod Buck tage den gamle tyr.

As twilight settled in, the old bull stood with his head down.

Da tusmørket faldt på, stod den gamle tyr med hovedet nedad.

He watched the herd he had led vanish into the fading light.

Han så den flok, han havde ført, forsvinde i det svindende lys.

There were cows he had known, calves he had once fathered.

Der var køer han havde kendt, kalve han engang var far til.

There were younger bulls he had fought and ruled in past seasons.

Der var yngre tyre, han havde kæmpet mod og hersket over i tidligere sæsoner.

He could not follow them—for before him crouched Buck again.

Han kunne ikke følge efter dem – for foran ham krøb Buck igen sammen.

The merciless fanged terror blocked every path he might take.

Den nådesløse, hugtændte rædsel blokerede enhver vej, han måtte tage.

The bull weighed more than three hundredweight of dense power.

Tyren vejede mere end tre hundrede vægt tæt kraft.

He had lived long and fought hard in a world of struggle.

Han havde levet længe og kæmpet hårdt i en verden præget af kamp.

Yet now, at the end, death came from a beast far beneath him.

Men nu, til sidst, kom døden fra et bæst langt under ham.

Buck's head did not even rise to the bull's huge knuckled knees.

Bucks hoved nåede ikke engang op til tyrens enorme, knoklede knæ.

From that moment on, Buck stayed with the bull night and day.

Fra det øjeblik blev Buck hos tyren nat og dag.

He never gave him rest, never allowed him to graze or drink.

Han gav ham aldrig hvile, tillod ham aldrig at græsse eller drikke.

The bull tried to eat young birch shoots and willow leaves.

Tyren forsøgte at spise unge birkeskud og pileblade.

But Buck drove him off, always alert and always attacking.

Men Buck drev ham væk, altid årvågen og altid angribende.

Even at trickling streams, Buck blocked every thirsty attempt.

Selv ved rislende bække blokerede Buck ethvert forsøg på at slippe tørstigt.

Sometimes, in desperation, the bull fled at full speed.

Nogle gange, i desperation, flygtede tyren i fuld fart.

Buck let him run, loping calmly just behind, never far away.

Buck lod ham løbe, roligt løbende lige bagved, aldrig langt væk.

When the moose paused, Buck lay down, but stayed ready.

Da elgen holdt pause, lagde Buck sig ned, men forblev klar.

If the bull tried to eat or drink, Buck struck with full fury.

Hvis tyren forsøgte at spise eller drikke, slog Buck til med al sin raseri.

The bull's great head sagged lower under its vast antlers.
Tyrens store hoved sank længere ned under dens enorme
gevir.
His pace slowed, the trot became a heavy; a stumbling walk.
Hans tempo faldt, traven blev tung; en snublende skridt.
**He often stood still with drooped ears and nose to the
ground.**
Han stod ofte stille med hængende ører og snuden mod
jorden.
During those moments, Buck took time to drink and rest.
I disse øjeblikke tog Buck sig tid til at drikke og hvile.
Tongue out, eyes fixed, Buck sensed the land was changing.
Med tungen ude, øjnene rettet, fornemmede Buck at landet
var ved at forandre sig.
He felt something new moving through the forest and sky.
Han følte noget nyt bevæge sig gennem skoven og himlen.
As moose returned, so did other creatures of the wild.
Da elgene vendte tilbage, gjorde andre vilde skabninger det
også.
**The land felt alive with presence, unseen but strongly
known.**
Landet føltes levende med tilstedeværelse, usynligt men
stærkt kendt.
It was not by sound, sight, nor by scent that Buck knew this.
Det var hverken ved lyd, syn eller lugt, at Buck vidste dette.
A deeper sense told him that new forces were on the move.
En dybere fornemmelse fortalte ham, at nye kræfter var på vej.
**Strange life stirred through the woods and along the
streams.**
Mærkeligt liv rørte sig i skovene og langs vandløbene.
**He resolved to explore this spirit, after the hunt was
complete.**
Han besluttede at udforske denne ånd, efter jagten var færdig.
On the fourth day, Buck brought down the moose at last.
På den fjerde dag nedlagde Buck endelig elgen.
**He stayed by the kill for a full day and night, feeding and
resting.**

Han blev ved byget en hel dag og nat, hvor han spiste og
hvilede sig.

**He ate, then slept, then ate again, until he was strong and
full.**

Han spiste, så sov han, og så spiste han igen, indtil han var
stærk og mæt.

**When he was ready, he turned back toward camp and
Thornton.**

Da han var klar, vendte han tilbage mod lejren og Thornton.

With steady pace, he began the long return journey home.

Med roligt tempo begyndte han den lange hjemrejse.

**He ran in his tireless lope, hour after hour, never once
straying.**

Han løb i sin utrættelige vandring, time efter time, uden at
fare vild et eneste øjeblik.

**Through unknown lands, he moved straight as a compass
needle.**

Gennem ukendte lande bevægede han sig lige som en
kompasnål.

**His sense of direction made man and map seem weak by
comparison.**

Hans retningssans fik mennesket og kort til at virke svage i
sammenligning.

As Buck ran, he felt more strongly the stir in the wild land.

Mens Buck løb, mærkede han stærkere røret i det vilde
landskab.

**It was a new kind of life, unlike that of the calm summer
months.**

Det var en ny slags liv, i modsætning til de rolige
sommermåneders.

This feeling no longer came as a subtle or distant message.

Denne følelse kom ikke længere som en subtil eller fjern
besked.

**Now the birds spoke of this life, and squirrels chattered
about it.**

Nu talte fuglene om dette liv, og egernene snakkede om det.

Even the breeze whispered warnings through the silent trees.

Selv brisen hviskede advarsler gennem de stille træer.

Several times he stopped and sniffed the fresh morning air.

Flere gange stoppede han og indsnusede den friske morgenluft.

He read a message there that made him leap forward faster.

Der læste han en besked, der fik ham til at springe hurtigere fremad.

A heavy sense of danger filled him, as if something had gone wrong.

En stærk følelse af fare fyldte ham, som om noget var gået galt.

He feared calamity was coming—or had already come.

Han frygtede, at en ulykke var på vej – eller allerede var kommet.

He crossed the last ridge and entered the valley below.

Han krydsede den sidste højderyg og kom ind i dalen nedenfor.

He moved more slowly, alert and cautious with every step.

Han bevægede sig langsommere, årvågen og forsigtig med hvert skridt.

Three miles out he found a fresh trail that made him stiffen.

Tre mil ude fandt han et nyt spor, der fik ham til at stivne.

The hair along his neck rippled and bristled in alarm.

Håret langs hans hals bølgede og strittede i alarm.

The trail led straight toward the camp where Thornton waited.

Stien førte direkte mod lejren, hvor Thornton ventede.

Buck moved faster now, his stride both silent and swift.

Buck bevægede sig hurtigere nu, hans skridt både lydløse og hurtige.

His nerves tightened as he read signs others were going to miss.

Hans nerver snørede sig, da han læste tegn på, at andre ville overse.

Each detail in the trail told a story—except the final piece.

Hver detalje på ruten fortalte en historie – undtagen det sidste stykke.

His nose told him about the life that had passed this way.

Hans næse fortalte ham om det liv, der var gået forbi på denne måde.

The scent gave him a changing picture as he followed close behind.

Duften gav ham et skiftende billede, mens han fulgte tæt efter.

But the forest itself had gone quiet; unnaturally still.

Men selve skoven var blevet stille; unaturligt stille.

Birds had vanished, squirrels were hidden, silent and still.

Fuglene var forsvundet, egern var skjult, tavse og stille.

He saw only one gray squirrel, flat on a dead tree.

Han så kun ét gråt egern, fladt på et dødt træ.

The squirrel blended in, stiff and motionless like a part of the forest.

Egernet blandede sig med, stift og ubevægeligt som en del af skoven.

Buck moved like a shadow, silent and sure through the trees.

Buck bevægede sig som en skygge, tavs og sikker gennem træerne.

His nose jerked sideways as if pulled by an unseen hand.

Hans næse blev trukket til side, som om en usynlig hånd havde trukket i ham.

He turned and followed the new scent deep into a thicket.

Han vendte sig og fulgte den nye duft dybt ind i et krat.

There he found Nig, lying dead, pierced through by an arrow.

Der fandt han Nig, liggende død, gennemboret af en pil.

The shaft passed clear through his body, feathers still showing.

Skaftet gik gennem hans krop, fjerene stadig synlige.

Nig had dragged himself there, but died before reaching help.

Nig havde slæbt sig derhen, men døde, før han nåede frem til hjælp.

A hundred yards farther on, Buck found another sled dog.

Hundrede meter længere fremme fandt Buck en anden slædehund.

It was a dog that Thornton had bought back in Dawson City.

Det var en hund, som Thornton havde købt tilbage i Dawson City.

The dog was in a death struggle, thrashing hard on the trail.

Hunden var i en dødskamp og kæmpede hårdt på stien.

Buck passed around him, not stopping, eyes fixed ahead.

Buck gik uden at stoppe, med blikket rettet fremad.

From the direction of the camp came a distant, rhythmic chant.

Fra lejrens retning kom en fjern, rytmisk sang.

Voices rose and fell in a strange, eerie, sing-song tone.

Stemmer steg og faldt i en mærkelig, uhyggelig, syngende tone.

Buck crawled forward to the edge of the clearing in silence.

Buck kravlede frem til kanten af lysningen i stilhed.

There he saw Hans lying face-down, pierced with many arrows.

Der så han Hans ligge med ansigtet nedad, gennemboret af mange pile.

His body looked like a porcupine, bristling with feathered shafts.

Hans krop lignede et pindsvin, strittende med fjerklædte skafter.

At the same moment, Buck looked toward the ruined lodge.

I samme øjeblik kiggede Buck mod den ødelagte hytte.

The sight made the hair rise stiff on his neck and shoulders.

Synet fik håret til at rejse sig på hans nakke og skuldre.

A storm of wild rage swept through Buck's whole body.

En storm af vildt raseri fejede gennem hele Bucks krop.

He growled aloud, though he did not know that he had.

Han knurrede højt, selvom han ikke vidste, at han havde gjort det.

The sound was raw, filled with terrifying, savage fury.

Lyden var rå, fyldt med skræmmende, vild raseri.

For the last time in his life, Buck lost reason to emotion.

For sidste gang i sit liv mistede Buck fornuften til fordel for følelserne.

It was love for John Thornton that broke his careful control.

Det var kærligheden til John Thornton, der brød hans omhyggelige kontrol.

The Yeehats were dancing around the wrecked spruce lodge.

Yeehat-familien dansede rundt om den ødelagte granhytte.

Then came a roar—and an unknown beast charged toward them.

Så lød et brøl – og et ukendt bæst stormede mod dem.

It was Buck; a fury in motion; a living storm of vengeance.

Det var Buck; et raseri i bevægelse; en levende hævnstorm.

He flung himself into their midst, mad with the need to kill.

Han kastede sig midt iblandt dem, rasende af trang til at dræbe.

He leapt at the first man, the Yeehat chief, and struck true.

Han sprang mod den første mand, Yeehat-høvdingen, og ramte sandt.

His throat was ripped open, and blood spouted in a stream.

Hans hals var flået op, og blodet sprøjtede ud i en strøm.

Buck did not stop, but tore the next man's throat with one leap.

Buck stoppede ikke, men rev den næste mands hals over med ét spring.

He was unstoppable—ripping, slashing, never pausing to rest.

Han var ustoppelig – flåede, skar, og holdt aldrig pause for at hvile.

He darted and sprang so fast their arrows could not touch him.

Han pilede og sprang så hurtigt, at deres pile ikke kunne ramme ham.

The Yeehats were caught in their own panic and confusion.

Yeehat-familien var fanget i deres egen panik og forvirring.

Their arrows missed Buck and struck one another instead.

Deres pile ramte ikke Buck og ramte i stedet hinanden.

One youth threw a spear at Buck and hit another man.

En ung mand kastede et spyd mod Buck og ramte en anden mand.

The spear drove through his chest, the point punching out his back.

Spydet skar gennem hans bryst, og spidsen stødte ud i hans ryg.

Terror swept over the Yeehats, and they broke into full retreat.

Rædsel skyllede over Yeehat-familien, og de brød på fuldt tilbagetog.

They screamed of the Evil Spirit and fled into the forest shadows.

De skreg af den onde ånd og flygtede ind i skovens skygger.

Truly, Buck was like a demon as he chased the Yeehats down.

Buck var sandelig som en dæmon, da han jagtede Yeehat-familien.

He tore after them through the forest, bringing them down like deer.

Han løb efter dem gennem skoven og fældede dem som hjorte.

It became a day of fate and terror for the frightened Yeehats.

Det blev en skæbnens og rædslernes dag for de skræmte Yeehats.

They scattered across the land, fleeing far in every direction.

De spredtes over landet og flygtede vidt i alle retninger.

A full week passed before the last survivors met in a valley.

En hel uge gik, før de sidste overlevende mødtes i en dal.

Only then did they count their losses and speak of what happened.

Først da optalte de deres tab og talte om, hvad der var sket.

Buck, after tiring of the chase, returned to the ruined camp.

Efter at være blevet træt af jagten vendte Buck tilbage til den ødelagte lejr.

He found Pete, still in his blankets, killed in the first attack.

Han fandt Pete, stadig i sine tæpper, dræbt i det første angreb.

Signs of Thornton's last struggle were marked in the dirt nearby.

Spor af Thorntons sidste kamp var markeret i jorden i nærheden.

Buck followed every trace, sniffing each mark to a final point.

Buck fulgte hvert spor og snusede til hvert mærke til et sidste punkt.

At the edge of a deep pool, he found faithful Skeet, lying still.

Ved kanten af en dyb pool fandt han den trofaste Skeet, liggende stille.

Skeet's head and front paws were in the water, unmoving in death.

Skeets hoved og forpoter var i vandet, ubevægelige i døden.

The pool was muddy and tainted with runoff from the sluice boxes.

Poolen var mudret og tilsmudset med afstrømning fra sluseboksene.

Its cloudy surface hid what lay beneath, but Buck knew the truth.

Dens skyede overflade skjulte, hvad der lå nedenunder, men Buck kendte sandheden.

He tracked Thornton's scent into the pool — but the scent led nowhere else.

Han sporede Thorntons duft ned i dammen – men duften førte ingen andre steder hen.

There was no scent leading out — only the silence of deep water.

Der var ingen duft, der førte ud – kun stilheden af det dybt vand.

All day Buck stayed near the pool, pacing the camp in grief.

Hele dagen blev Buck ved dammen og gik sorgfuldt frem og tilbage i lejren.

He wandered restlessly or sat in stillness, lost in heavy thought.

Han vandrede rastløst omkring eller sad stille, fortabt i tunge tanker.

He knew death; the ending of life; the vanishing of all motion.

Han kendte døden; livets afslutning; al bevægelses forsvinden.

He understood that John Thornton was gone, never to return.

Han forstod, at John Thornton var væk og aldrig ville vende tilbage.

The loss left an empty space in him that throbbed like hunger.

Tabet efterlod et tomrum i ham, der dunkede som sult.

But this was a hunger food could not ease, no matter how much he ate.

Men dette var en sult, maden ikke kunne stille, uanset hvor meget han spiste.

At times, as he looked at the dead Yeehats, the pain faded.

Til tider, når han så på de døde Yeehats, forsvandt smerten.

And then a strange pride rose inside him, fierce and complete.

Og så steg en mærkelig stolthed i ham, voldsom og fuldstændig.

He had killed man, the highest and most dangerous game of all.

Han havde dræbt mennesket, det højeste og farligste spil af alle.

He had killed in defiance of the ancient law of club and fang.

Han havde dræbt i strid med den gamle lov om kølle og hugtand.

Buck sniffed their lifeless bodies, curious and thoughtful.

Buck snusede til deres livløse kroppe, nysgerrig og tankefuld.

They had died so easily—much easier than a husky in a fight.

De var døde så let – meget lettere end en husky i en kamp.

Without their weapons, they had no true strength or threat.

Uden deres våben havde de ingen sand styrke eller trussel.

Buck was never going to fear them again, unless they were armed.

Buck ville aldrig frygte dem igen, medmindre de var bevæbnede.

Only when they carried clubs, spears, or arrows he'd beware.

Kun når de bar køller, spyd eller pile, ville han være på vagt.

Night fell, and a full moon rose high above the tops of the trees.

Natten faldt på, og en fuldmåne steg højt over træernes toppe.

The moon's pale light bathed the land in a soft, ghostly glow like day.

Månens blege lys badede landet i et blødt, spøgelsesagtigt skær som dag.

As the night deepened, Buck still mourned by the silent pool.

Mens natten blev dybere, sørgede Buck stadig ved den stille dam.

Then he became aware of a different stirring in the forest.

Så blev han opmærksom på en anden bevægelse i skoven.

The stirring was not from the Yeehats, but from something older and deeper.

Oprøret kom ikke fra Yeehat-familien, men fra noget ældre og dybereliggende.

He stood up, ears lifted, nose testing the breeze with care.

Han rejste sig op med løftede ører og undersøgte forsigtigt brisen med næsen.

From far away came a faint, sharp yelp that pierced the silence.

Langt væk lød et svagt, skarpt gyl, der gennembrød stilheden.

Then a chorus of similar cries followed close behind the first.

Så fulgte et kor af lignende råb tæt efter det første.

The sound drew nearer, growing louder with each passing moment.

Lyden kom nærmere og blev højere for hvert øjeblik, der gik.

Buck knew this cry—it came from that other world in his memory.

Buck kendte dette råb – det kom fra den anden verden i hans hukommelse.

He walked to the center of the open space and listened closely.

Han gik hen til midten af det åbne rum og lyttede opmærksomt.

The call rang out, many-noted and more powerful than ever.

Kaldet lød, mange gange nævnt og kraftigere end nogensinde.

And now, more than ever before, Buck was ready to answer his calling.

Og nu, mere end nogensinde før, var Buck klar til at besvare hans kald.

John Thornton was dead, and no tie to man remained within him.

John Thornton var død, og han havde intet bånd til mennesker tilbage.

Man and all human claims were gone—he was free at last.

Mennesket og alle menneskelige krav var væk – han var endelig fri.

The wolf pack were chasing meat like the Yeehats once had.

Ulveflokken jagtede kød, ligesom Yeehats engang gjorde.

They had followed moose down from the timbered lands.

De havde fulgt elge ned fra de skovklædte områder.

Now, wild and hungry for prey, they crossed into his valley.

Nu, vilde og sultne efter bytte, krydsede de ind i hans dal.

Into the moonlit clearing they came, flowing like silver water.

Ind i den månebelyste lysning kom de, flødende som sølvvand.

Buck stood still in the center, motionless and waiting for them.

Buck stod stille i midten, ubevægelig og ventede på dem.

His calm, large presence stunned the pack into a brief silence.

Hans rolige, store tilstedeværelse chokerede flokken og indtog en kort tavshed.

Then the boldest wolf leapt straight at him without hesitation.

Så sprang den dristigste ulv direkte mod ham uden tøven.

Buck struck fast and broke the wolf's neck in a single blow.

Buck slog hurtigt til og brækkede ulvens hals med et enkelt slag.

He stood motionless again as the dying wolf twisted behind him.

Han stod ubevægelig igen, mens den døende ulv snoede sig bag ham.

Three more wolves attacked quickly, one after the other.

Tre ulve mere angreb hurtigt, den ene efter den anden.

Each retreated bleeding, their throats or shoulders slashed.

Hver af dem trak sig blødende tilbage, med overskåret hals eller skuldre.

That was enough to trigger the whole pack into a wild charge.

Det var nok til at sætte hele flokken i vildt angreb.

They rushed in together, too eager and crowded to strike well.

De styrtede ind sammen, for ivrige og for tæt befolkede til at slå ordentligt til.

Buck's speed and skill allowed him to stay ahead of the attack.

Bucks hurtighed og dygtighed tillod ham at holde sig foran angrebet.

He spun on his hind legs, snapping and striking in all directions.

Han snurrede rundt på bagbenene, snappede og slog i alle retninger.

To the wolves, this seemed like his defense never opened or faltered.

For ulvene virkede det som om hans forsvar aldrig åbnede eller vaklede.

He turned and slashed so quickly they could not get behind him.

Han vendte sig og huggede så hurtigt, at de ikke kunne komme bag ham.

Nonetheless, their numbers forced him to give ground and fall back.

Ikke desto mindre tvang deres antal ham til at give terræn og trække sig tilbage.

He moved past the pool and down into the rocky creek bed.

Han bevægede sig forbi dammen og ned i det stenede bækleje.

There he came up against a steep bank of gravel and dirt.

Der stødte han på en stejl skrænt af grus og jord.

He edged into a corner cut during the miners' old digging.

Han kantede sig ind i et hjørne, der blev skåret under minearbejdernes gamle udgravning.

Now, protected on three sides, Buck faced only the front wolf.

Nu, beskyttet på tre sider, stod Buck kun over for den forreste ulv.

There, he stood at bay, ready for the next wave of assault.

Der stod han i skak, klar til den næste bølge af angreb.

Buck held his ground so fiercely that the wolves drew back.

Buck holdt stand så voldsomt, at ulvene trak sig tilbage.

After half an hour, they were worn out and visibly defeated.

Efter en halv time var de udmattede og synligt besejrede.

Their tongues hung out, their white fangs gleamed in moonlight.

Deres tunger hang ud, deres hvide hugtænder glimtede i måneskinnet.

Some wolves lay down, heads raised, ears pricked toward Buck.

Nogle ulve lagde sig ned med hovederne hævet og ørerne spidse mod Buck.

Others stood still, alert and watching his every move.

Andre stod stille, årvågne og iagttog hans hver bevægelse.

A few wandered to the pool and lapped up cold water.

Et par stykker gik hen til poolen og drak koldt vand.

Then one long, lean gray wolf crept forward in a gentle way.
Så sneg en lang, mager grå ulv sig blidt frem.
Buck recognized him—it was the wild brother from before.
Buck genkendte ham – det var den vilde bror fra før.
The gray wolf whined softly, and Buck replied with a whine.
Den grå ulv klynkede sagte, og Buck svarede med et klynk.
They touched noses, quietly and without threat or fear.
De rørte ved næserne, stille og uden trussel eller frygt.
Next came an older wolf, gaunt and scarred from many battles.
Dernæst kom en ældre ulv, mager og arret efter mange kampe.
Buck started to snarl, but paused and sniffed the old wolf's nose.
Buck begyndte at knurre, men holdt en pause og snusede til den gamle ulvs snude.
The old one sat down, raised his nose, and howled at the moon.
Den gamle satte sig ned, løftede næsen og hylede mod månen.
The rest of the pack sat down and joined in the long howl.
Resten af flokken satte sig ned og var med i det lange hyl.
And now the call came to Buck, unmistakable and strong.
Og nu kom kaldet til Buck, umiskendeligt og stærkt.
He sat down, lifted his head, and howled with the others.
Han satte sig ned, løftede hovedet og hylede sammen med de andre.
When the howling ended, Buck stepped out of his rocky shelter.
Da hylen holdt op, trådte Buck ud af sit klippefyldte ly.
The pack closed in around him, sniffing both kindly and warily.
Flokken lukkede sig om ham og snusede både venligt og forsigtigt.
Then the leaders gave the yelp and dashed off into the forest.
Så udstødte lederne et hyl og skyndte sig ind i skoven.

The other wolves followed, yelping in chorus, wild and fast in the night.

De andre ulve fulgte efter, gylpende i kor, vilde og hurtige i natten.

Buck ran with them, beside his wild brother, howling as he ran.

Buck løb med dem, ved siden af sin vilde bror, mens han løb hylende.

Here, the story of Buck does well to come to its end.

Her gør historien om Buck det godt at få sin ende.

In the years that followed, the Yeehats noticed strange wolves.

I de følgende år bemærkede Yeehat-familien mærkelige ulve.

Some had brown on their heads and muzzles, white on the chest.

Nogle havde brune på hovedet og snuden og hvide på brystet.

But even more, they feared a ghostly figure among the wolves.

Men endnu mere frygtede de en spøgelsesagtig skikkelse blandt ulvene.

They spoke in whispers of the Ghost Dog, leader of the pack.

De talte hviskende om Spøgelseshunden, flokkens leder.

This Ghost Dog had more cunning than the boldest Yeehat hunter.

Denne Spøgelseshund var mere listig end den dristigste Yeehat-jæger.

The ghost dog stole from camps in deep winter and tore their traps apart.

Spøgelseshunden stjal fra lejre i den høje vinter og rev deres fælder i stykker.

The ghost dog killed their dogs and escaped their arrows without a trace.

Spøgelseshunden dræbte deres hunde og undslap deres pile sporløst.

Even their bravest warriors feared to face this wild spirit.

Selv deres modigste krigere frygtede at stå over for denne vilde ånd.

No, the tale grows darker still, as the years pass in the wild.

Nej, fortællingen bliver endnu mørkere, som årene går i naturen.

Some hunters vanish and never return to their distant camps.

Nogle jægere forsvinder og vender aldrig tilbage til deres fjerne lejre.

Others are found with their throats torn open, slain in the snow.

Andre findes med revet hals op, dræbt i sneen.

Around their bodies are tracks—larger than any wolf could make.

Rundt om deres kroppe er der spor – større end nogen ulv kunne lave.

Each autumn, Yeehats follow the trail of the moose.

Hvert efterår følger Yeehats elgens spor.

But they avoid one valley with fear carved deep into their hearts.

Men de undgår én dal med frygt indgraveret dybt i deres hjerter.

They say the valley is chosen by the Evil Spirit for his home.

De siger, at dalen er valgt af den onde ånd til sit hjem.

And when the tale is told, some women weep beside the fire.

Og når historien fortælles, græder nogle kvinder ved bålet.

But in summer, one visitor comes to that quiet, sacred valley.

Men om sommeren kommer én besøgende til den stille, hellige dal.

The Yeehats do not know of him, nor could they understand.

Yeehat-familien kender ikke til ham, og de kunne heller ikke forstå ham.

The wolf is a great one, coated in glory, like no other of his kind.

Ulven er en stor ulv, klædt i pragt, som ingen anden af sin slags.

He alone crosses from green timber and enters the forest glade.

Han alene krydser fra det grønne træ og går ind i skovlysningen.

There, golden dust from moose-hide sacks seeps into the soil.

Der siver gyldent støv fra elgskindssække ned i jorden.

Grass and old leaves have hidden the yellow from the sun.

Græs og gamle blade har skjult det gule for solen.

Here, the wolf stands in silence, thinking and remembering.

Her står ulven i stilhed, tænker og husker.

He howls once—long and mournful—before he turns to go.

Han hyler én gang – langt og sørgmodigt – før han vender sig for at gå.

Yet he is not always alone in the land of cold and snow.

Alligevel er han ikke altid alene i kuldens og sneens land.

When long winter nights descend on the lower valleys.

Når lange vinternætter sænker sig over de lavere dale.

When the wolves follow game through moonlight and frost.

Når ulvene følger vildt gennem måneskin og frost.

Then he runs at the head of the pack, leaping high and wild.

Så løber han i spidsen for flokken, springende højt og vildt.

His shape towers over the others, his throat alive with song.

Hans skikkelse tårner sig op over de andre, hans hals levende af sang.

It is the song of the younger world, the voice of the pack.

Det er den yngre verdens sang, flokkens stemme.

He sings as he runs—strong, free, and forever wild.

Han synger, mens han løber – stærk, fri og evigt vild.

www.ingramcontent.com/pod-product-compliance
Lightning Source LLC
Chambersburg PA
CBHW011733020426
42333CB00024B/2872